Donnernder Applaus

Hartmut Friedrich

Donnernder Applaus

Lustige Sketche zum Nachspielen

Möller
VERLAG

Bitte beachten Sie unseren Hinweis auf weitere Sketchbücher im
Möller-Programm am Ende dieses Buches.

Unser Beitrag zum Umweltschutz:
Papier aus chlorfrei gebleichtem Zellstoff

Die Deutsche Bibliothek – CIP-Einheitsaufnahme

Friedrich, Hartmut:
Donnernder Applaus : lustige Sketche zum Nachspielen /
Hartmut Friedrich. – Niedernhausen/Ts. : Möller, 1993
    ISBN 3-8159-0031-X

ISBN 3 8159 0031 X

© 1993 Genehmigte Ausgabe für W. Möller Verlag, 65527 Niedernhausen
© der Originalausgabe by Falken-Verlag GmbH, 65527 Niedernhausen
Die Verwertung der Texte und Bilder, auch auszugsweise, ist ohne
Zustimmung des Verlags urheberrechtswidrig und strafbar. Dies gilt
auch für Vervielfältigungen, Übersetzungen, Mikroverfilmung und für
die Verarbeitung mit elektronischen Systemen.
Titelbild: Artwerb Wolfgang Kath, Wiesbaden
Vignettenzeichnungen: Fay Grambart, Offenbach
Zeichnung Seite 78: Edith Kuchenmeister
Die Ratschläge in diesem Buch sind von Autor und Verlag sorgfältig
erwogen und geprüft, dennoch kann eine Garantie nicht übernommen
werden. Eine Haftung des Autors bzw. des Verlags und seiner
Beauftragten für Personen-, Sach- und Vermögensschäden ist ausgeschlossen.
Satz: Grunewald Satz & Repro GmbH, Kassel
Druck: Neuwieder Verlagsgesellschaft mbH, Neuwied

817 2635 4453 62

Inhalt

Vorwort — 6

Die vier großen „W" — 7
    Wer spielt? — 7
    Was wird gespielt? — 9
    Wo wird gespielt? — 18
    Wie wird gespielt? — 20

Der Glückspilz — 27

Vom Regen in die Traufe — 34

Können Wanzen lügen? — 41

Pipapola oder das Wundermittel — 47

Der Schmuck der Soraya — 51

Russisches Roulette mit Cognac — 59

Der dritte Mann — 71

Die Hutschachtel — 73

Die Rumsuppe — 77

Der Hellseher (Vexier-Sketch) — 78

Nein, diese Irren! — 83

Schwarze Milch — 90

Vor Gericht — 92

Beim Onkel Doktor — 93

Tischgespräche — 94

Vorwort

Liebe Leserin, lieber Leser,

durch den Erwerb dieses Büchleins haben Sie bewiesen, daß Sie ein kreativer Zeitgenosse und noch nicht hoffnungslos fernsehkrank sind. Sie sind ein Mensch, der spielen will. Und weil Sie mit Ihrem Spiel anderen Menschen Freude machen wollen, sind Sie ein netter Mensch. Und weil Sie mir darum sympathisch sind, will ich mich sehr bemühen, Ihnen Ratschläge zu geben, die Ihnen helfen mögen, Ihr Unternehmen mit Erfolg zu krönen.

Da Sie mit Feuereifer an die Sache herangehen, dürfen Sie von mir erwarten, daß ich Sie nicht mit theoretischen Erörterungen langweile: in welche Kategorie sich Sketche einteilen lassen, über die soziologische Bedeutung des Laientheaters, über die therapeutische Funktion des weitergereichten Witzes und dergleichen Themen, über die es kluge Bücher gibt. Das alles interessiert uns hier nicht, weil es für unser Vorhaben praktisch überhaupt keinen Nutzen bringt.

Mit Ihrem Entschluß, spielen zu wollen, haben Sie das Zutrauen zu sich, daß Sie es auch können. Sie wissen nur noch nicht, was und wie. Sehen wir zu, wie wir diese beiden Unsicherheitsfaktoren am schnellsten ausschalten können. Halten wir uns an die Grundregel für jeden Reporter, der einer Sache auf den Grund kommen will mit den Fragen: wer? was? wo? wie?

Die vier großen „W"

Wer spielt?

Sie und Ihre Mitspieler sind die Akteure; Menschen, die sich verstehen, sich mögen, also eine richtige Crew bilden. Es ist Voraussetzung für jedes gute Gelingen, daß alle Beteiligten miteinander harmonisieren, daß sie auf der gleichen Wellenlänge senden.

Wenn wir auch den Rollenneid der Berufsmimen nicht kennen, so möchte doch jeder begeisterte Spieler auch einmal zeigen, was in ihm steckt. Ein Sketch ist aber nun ein Kurzspiel mit nur wenigen Rollen, im Höchstfall vier bis sechs. In Frankreich, dem Eldorado der Dreiecksgeschichten, sind es meistens drei. Im Zweiersketch, der am häufigsten ist, kann es gleichwertige Partner geben, doch fast immer wird hier das Spiel von einem Darsteller getragen, dem „Kassierer" (dem, der die Lacher kassiert), während der andere Zubringer oder „Reifenhalter" ist. Liegt nicht eine allseits anerkannte Begabung eines Spielers vor, sei empfohlen, zwei Sketche zu spielen, wobei im zweiten der „Reifenhalter" des ersten Hauptdarsteller ist. Schließlich will jeder einmal drankommen, wie ja auch in jedem gut gebauten Bühnenstück jeder Darsteller einmal „seine" Szene hat.

Dann sind da noch zwei, ohne die es nicht geht. Zunächst einmal der – nennen wir ihn wie bei der niederdeutschen Bühne – Spielboß. (Der hochtrabende Titel Regisseur könnte leicht zu Arroganz führen.) Es muß einer im Zuschauerraum kontrollieren, was auf der Bühne geschieht. Zweitens brauchen wir einen Inspizienten oder Bühnenwart, zumal wir beim modernen Sketch ja viel mit technischen Hilfsmitteln arbeiten. Für alle Raffinessen (Telefon, Rundfunk, Recorder, Beleuchtungseffekte) und pünktlichen Auftritte ist er zuständig, während der Spielboß nach der Generalprobe seine erste Aufgabe erfüllt hat. Ihm kommt bei der Aufführung allerdings noch eine andere wichtige Funktion zu, nämlich das Publikum – möglichst munter plaudernd – in die richtige Stimmung zu versetzen. Früher gab es den Conferencier, der vor jeder Nummer, die er ansagte, einen Witz erzählte; heute findet man ihn nur noch vereinzelt bei „Bunten Abenden". In Rundfunk und Fernsehen heißt er heute Moderator, und seine Aufgabe ist lediglich, die Sendung in Gang zu halten. (Vom Quizmaster soll hier nicht die Rede sein.) Wir bleiben beim alten Wort Ansager. Ich rate, jede Darbietung, auch jeden Sketch, anzukündigen – sei es durch knappe Information wie Titel, Personen und Darsteller des Stückes nebst nebulösen Andeutungen über das, was die Leute erwartet, oder durch eine launige Plauderei. Hier ist ein Unterschied, ob wir vor einem großen oder kleinen Kreis spielen. Im Intimbereich des Zimmertheaters und vor Freunden und Verwandten kann man leicht und locker drauflosreden, persönliche Anspielungen machen und vielleicht sogar – mit parodistischem Pathos – eine noch nie dagewesene Sensation verkünden. Vor einem humorigen Kreis geht es auch umgekehrt (wie es in England üblich ist). Da erklärt der „Entertainer", das Stück sei unter aller Kanone, die Schauspieler seien völlig untalentiert, außerdem könnten sie ihre Rolle nicht und er rate den Leuten, lieber den Fernseher einzuschalten oder ins Kino zu gehen. Aber da sie nun schon mal da seien, könnten sie auch auf ihren bequemen Stühlen sitzen bleiben und sich langweilen – und er geht ab mit einem „Ich wünsche behagliches Gähnen"! Dann muß allerdings der nachfolgende Sketch groß ankommen, man muß seiner Sache also sehr sicher sein.

Sonst brauchen wir keine Hilfskräfte. Nehmen wir an, wir spielen einen Zweiersketch, dann sind wir mit Spielboß und Inspizient zu viert, denn selbstverständlich lassen wir es uns nicht nehmen, für Dekorationen und Kostüme selbst zu sorgen. Diesen Spaß wollen wir uns doch nicht nehmen lassen!

Das Sprichwort, Vorfreude ist die schönste Freude, gilt auch für uns. Die Vorbereitungen und die Proben sollten uns genausoviel Vergnügen bereiten wie die Aufführung selbst. Seien wir darum nett zueinander! Wenn wir die Probenzeit ohne kleinliche Streitereien durchstehen und harmonisch an die Aufführung gehen, haben wir uns schon allen Profis überlegen gezeigt, bei denen Theaterkräche an der Tagesordnung sind. Freilich müssen Meinungen ausgetauscht werden, denn ohne Mitbestimmung eines jeden – das wäre ja noch schöner! Aber da ist ein Haken dabei. Selbst ein Kleinsttheater funktioniert nicht ohne Disziplin, und selbst eine Minutenszene, die sich im Scheinwerferlicht vor dem Publikum abspielt, erfordert Einordnung ins Ganze. Darum also der Spielboß!

Pädagogen sprechen vom „Spielalter" – ich nicht. Ich bin der Meinung, daß für spielfreudige Menschen keine Altersbeschränkung existiert. Es gibt talentierte Kinder und quicklebendige Greise; wer sich aber nicht gern mitteilt und anderen – im guten Sinne – „etwas vormacht", wird sich bei der Aufführung eines Stückes besser mit der Rolle des stillen Zuschauers begnügen. Eine natürliche Begabung kann sich früh regen, und wer sie einmal besitzt, wird sein Leben lang Freude am Spiel haben.

Was wird gespielt?

Wir spielen einen Sketch. Das englische Wort, von dem übrigens durch ein Mißverständnis auch das Wort Kitsch abgeleitet wird, bedeutet Skizze. Der Sketch ist also kein farbig ausgeführtes Bühnenwerk, sondern ein meist in Schwarzweißmanier umrissenes Kurzspiel, ein Einakter von höchstens einer Viertelstunde Dauer. Die Handlung marschiert kurz und bündig auf ein Ziel zu: den überraschenden Schluß. Meist wird es ein Satz sein. Die optische Pointe – etwa das verblüffende Auftreten einer unerwarteten Person – ist immer besser als eine verbale, die bloß aus Worten besteht. Daß der Schluß zur gewünschten Wirkung kommt, dafür wollen wir sorgen – aber das besprechen wir beim „Wie", auf das es eben immer ankommt, im Leben wie auf der Bühne.

Der Sketch – unsere Spielvorlage – ist entweder ein von einem Autor vorgefertigter Text oder ein selbstgestrickter. Auch hier bin ich der Meinung: Eigenbau ist immer gut, Handarbeit ist jeder Fabrikware überlegen, und was Mutter kocht, schmeckt besser als Kantinenmahlzeiten. Natürlich gibt es raffinierte Gerichte in teuren Restaurants, und von Zeit zu Zeit ißt man gern auch einmal auswärts. Was wir hier jedoch vorhaben, ist – um bei dem Bild zu bleiben – Hausmannskost. Beschäftigen wir uns zunächst mit vorliegenden Texten. Zwei Punkte gilt es zu beachten:

1. Wir müssen alles, was wir spielen, gut finden. Die Story muß also allen Beteiligten ebenso gefallen wie die jeweilige Rolle.

2. Die Geschichte muß für unser Publikum geeignet sein. Wir wollen ja niemanden schockieren, sondern alle amüsieren. Sind wir überzeugt, die Sache liegt uns und wir kommen an, dann nichts wie ran!

Wir führen also eine lustige Geschichte vor. (Von Ausnahmen soll später die Rede sein.) Das wichtigste ist – ich kann es nicht oft genug betonen – die Pointe, der Knaller, der fast nur durch eine überraschende Wendung zu erreichende Schlußeffekt. Dabei kommt es nicht einmal so sehr darauf an, ob er logisch, also im realen Sinn glaubwürdig ist. Hauptsache, er kommt unerwartet. Wir lachen ja so gern darüber, wenn die Welt auf den Kopf gestellt wird. Allerdings sollte die Schlußpointe nicht allzusehr an den Haaren herbeigezogen, aber auch nicht zu dick vorbereitet sein, denn dann ist sie ja nicht mehr verblüffend.

Damit sind wir beim Thema: „Wie schreiben wir uns selbst einen Sketch?" Hier gibt es wieder zwei Möglichkeiten: Entweder wir schreiben das Stück nach einer vorhandenen Story, oder wir dramatisieren eine Geschichte aus dem Leben.

Welche gedruckten Vorlagen sind nun für unsere Zwecke geeignet? Heitere Kurzgeschichten gibt es in Hülle und Fülle, aber nur wenige sind sketchgerecht. Warum? Um das hochtrabende Wort „Dramaturgie" zu vermeiden: Wo Ordnung herrschen soll, müssen gewisse Regeln eingehalten werden. Wie für unser Staatsgefüge gibt es auch für das Theater ein Grundgesetz, dessen Weitläufigkeiten uns hier nicht interessieren sollen. Zeit und Ort unserer kurzen Szene vertragen keinen Wechsel, weder in der Dekoration noch in den Kostümen. (Ausnahmen bestätigen die Regel.) Die Spielhandlung sollte sogar mit der Uhrzeit identisch sein. Außerdem sollte uns klar sein, daß hier nur wenige Spieler sind, und zwar keine großartigen Originale, sondern Typen, die nicht über Gott und die Welt philosophieren, sondern einen kleinen Vorgang konsequent und möglichst komisch vorführen wollen. Der Dialog muß also konzentriert sein, das heißt einfach und knapp; er sollte keine überflüssigen Sätze enthalten, die von der auf den Endpunkt abzielenden Handlung ablenken. Um es mit einem Beispiel zu sagen: Ein Clown erklettert eine Leiter, Stufe um Stufe steigt er hoch. Oben angekommen guckt er in die Luft, glaubt, noch eine Stufe vor sich zu haben – er schreitet groß aus und plumpst natürlich auf der anderen Seite hinunter. Dieses Akrobatenkunststückchen ist Musterbeispiel für eine optische Pointe. Ein idealer Sketch ist der, bei dem die Aktion den Dialog überwiegt.

Von hundert famosen Kurzgeschichten erfüllen kaum zwei oder drei diese für einen Sketch nötigen Voraussetzungen. Gehen Sie dennoch unentmutigt auf geistige Entdeckungsreisen, durchforsten Sie den Bücherwald Ihrer Bücherei! Im übrigen ist es schließlich keine Qual, komische Geschichten zu lesen. Machen Sie sich bitte die Mühe, es wird sich bestimmmt lohnen. Sicher sind Sie kein blindes Huhn und werden mehr als ein Korn finden. Selbstverständlich sind Stories aus dem Alltag, aus unserer gegenwärtigen Umwelt besonders geeignet, doch lassen sich auch Geschichten, die in früherer Zeit spielen, modernisieren.

Außer Büchern gibt es noch eine Menge Angelgebiete, um schmackhafte Fische für unsere Sketch-Festmähler an Land zu ziehen: Film, Funk, Fernsehen, Kabarett, Illustrierte, Zeitungen. Vom Fernsehen können wir uns vermutlich am meisten Anregungen holen. Natürlich spielen wir nicht einfach einen Sketch aus einer Fernseh-Show nach, sondern entlehnen nur das eine oder andere Motiv, um es mit Episoden aus unserer persönlichen Sphäre zu bereichern. Das Gleiche gilt für den Film. Die sogenannten Slapstick-Lustspiele aus der Stummfilmzeit sind wahre Fundgruben für uns. Vom Kabarett sei nur am Rande die Rede. Die zeitkritische Tendenz des Kabaretts, dessen Existenzberechtigung ja darin besteht, durch Satire Mißstände in Staat und Gesellschaft anzuprangern und den Bürger durch sarkastische Übertreibungen politisch zu mobilisieren, ist nicht unser Ziel. Wir wollen, wie gesagt, nicht provozieren, sondern unser Publikum die Alltagssorgen und das Unbehagen am Ränkespiel der Weltgeschichte vergessen lassen. Wir nehmen allenfalls einmal kleine menschliche Schwächen aufs Korn, Dummheiten, gegen die wir selber nicht gefeit sind. Wir wollen, daß die Leute lachen, sonst nichts.

Worüber lacht der Mensch? Auch darüber haben Philosophen dicke Bücher geschrieben, an denen nur ihre völlige Humorlosigkeit komisch ist. Die großen Denker haben übereinstimmend herausgetüftelt, was wir schon lange wissen: Der häufigste Grund ist Schadenfreude, eine leider ungute Angewohnheit des Homo sapiens, aber eben eine menschliche. Es kommt immer auf die Dosis, auf die Grenze an, wo Medizin zum Gift wird. Nun, wir brauchen ja nur ein Quentchen von dieser Substanz. Der zweite Hauptgrund für Gelächter: wenn etwas völlig Unerwartetes geschieht. Das ist das Pfund, mit dem wir wuchern. Mit dieser Absicht richten wir unsere plündernden Augen auf alle lustigen Geschichten in Illustrierten und einschlägigen Zeitschriften. Aber Vorsicht vor Plagiaten! Wir wollen nicht abschreiben, sondern uns nur anregen lassen, allenfalls das Grundmotiv übernehmen und auf unsere Weise zubereiten. Unbedenklicher können wir aktuelle Zeitungsmeldungen verarbeiten. Nachrichten über tatsächliche Vorfälle, Gerichtsberichte und so weiter unterliegen keinem Urheberrechtsschutz. Und Journalisten sind ja stets auf Jagd nach ungewöhnlichen, komischen und unglaublichen Geschichten, die irgendwo in der Welt (angeblich) passiert sind.

Die Themenwahl richtet sich nach unserem Publikum. Alles, was wir spielen, muß nachvollziehbar sein. Meiden Sie das Ausgefallene und dazu Phantastische! Aber Sciene-fiction, Computer und Roboter sind heute schon jedem Kind geläufig. Am besten wählen Sie, bei Betriebsfeiern etwa, ein Thema aus Ihrem Berufsbereich. Damit sind wir bei meiner Lieblingsthese: Ein Kurzspiel nach einem eigenen Erlebnis, nach einem Vorfall aus der persönlichen Umgebung, einer Begebenheit, die dem Zuschauerkreis vertraut ist, hat eine durchschlagendere Wirkung als jeder „literarische" Sketch.

Sie sind in einem Geschäft tätig? Was sind Ihnen nicht schon für komische Kunden vorgekommen! Was passiert nicht alles in einer Fabrik, einer Werkstatt, einem Büro, einem Amtszimmer! Jeder hat schon Sachen erlebt, von denen er sich sagen mußte: Wenn mir das einer erzählen würde, ich würde es nicht glauben! Das sind Ihre Stoffe! Außerdem kann das Fabrizieren eines solchen Sketchs sogar ein Befreiungsakt für Sie persönlich sein. Schreiben Sie nur einmal nieder, was Sie Ihrem Chef gern sagen würden, wenn Sie dürften. Malen Sie sich Wunschsituationen aus, führen Sie sie ad absurdum, das heißt: ins Unsinnige, Unwahrscheinliche, aber so sehr Wünschenswerte – Sie haben die Lacher garantiert auf Ihrer Seite.

Kein großes Gebäude kann ohne Architekten errichtet werden. Selbst für Ihre kleine „Hütte" brauchen Sie einen Plan. Um also noch einmal kurz vom dramaturgischen Fundament zu sprechen: Sobald der Vorhang auf- beziehungsweise das Licht angeht, muß man auf den ersten Blick erkennen, was die Szene darstellen soll, also wo die Geschichte spielt. Sobald Personen auftreten, muß man möglichst schnell erfahren, wen sie darstellen, also wer sie sind. Darf ich ein klassisches Musterbeispiel einschalten? Die ersten Worte im „Don Carlos" von Friedrich Schiller spricht der Beichtvater des Königs: „Die schönen Tage in Aranjuez sind nun zu Ende. Eure königliche Hoheit verlassen sie nicht heiterer." In zwei Sätzen erfahren wir, wo wir sind: Aranjuez, und daß es nur ein Ferienaufenthalt war; wer die Hauptperson dieses Stückes ist: der Prinz, und daß er hoffnungslos der Melancholie verfallen ist. Besser und kürzer kann man nicht mehr informieren. Nun, wir wollen nicht so hoch hinaus. Für uns genügt es, wenn die Auftretenden sich mit ihrem Namen (oder Titel) ansprechen.

Die Regel, daß man eingleisig dem Ziel zufahren soll, daß also jeder Satz eine Ansteuerung der Schlußpointe zu sein hat, ist zwar richtig, trifft aber nicht in jedem Fall zu. Absolut gilt sie nur für den gespielten Witz, dessen Würze bekanntlich in der Kürze liegt. Für unseren „Privatsketch" rate ich Ihnen, auch Anspielungen hineinzupacken, die zur Erheiterung beitragen, selbst wenn sie im Moment ein wenig vom „Endziel" ablenken. Natürlich darf der Handlungsfaden durch die „Abwegwitze" nicht verlorengehen. Raffinierte Autoren benutzen diese Methode sogar als Stilmittel, um die Spannung zu erhöhen, wie etwa ein Zauberkünstler durch seine hübsche, gut gebaute Assistentin das Publikum in dem Moment ablenken läßt, in dem er seinen Trick ausführt. Doch das will gelernt sein.

Einen Vorteil haben Sie gegenüber Berufshumoristen: Sie beherrschen den Jargon Ihrer Zuschauer, kennen die Spezialausdrücke, Tarnbezeichnungen und Spitznamen. Benutzen Sie sie! Schreiben Sie überhaupt in der Tonart, die bei Ihnen üblich ist. Verfertigen Sie keine druckreifen Sätze! Vermeiden Sie Schreibtisch- oder Zeitungsdeutsch! „Dem Volk aufs Maul schauen" hat schon Luther empfohlen (über Dialekte reden wir beim „Wie"). Ihr Text ist also allgemein verständlich, einfach, eben „echt" – vor allem so, daß ihn jeder Spieler ohne Schwierigkeiten sprechen kann. Das nämlich ist ausschlaggebend, damit er deutlich bleibt, inhaltlich wie akustisch. Jeder, der im Zuschauerraum sitzt, muß jedes Wort, das auf der Bühne gesprochen wird, verstehen können, mit seinen Ohren und mit seinem Verstand. Maßgerecht zubereitet ist also eigentlich alles spielbar, was es in der Welt und im Leben gibt, insofern es die Grenzen des guten Geschmacks nicht überschreitet. Ganz groß in Mode sind Krimis. Kein Wunder, bei der Flut im Fernsehen! Hier betreten wir jedoch Neuland, da ein Krimisketch nur selten mit einer Witzpointe enden wird. Das wichtigste beim Krimi ist die Spannung. Die Durbridge-Verwirrmasche hat sich verbraucht. Außerdem brauchen wir zu dem „Wer-ist-der-Mörder-Spielchen" mehr Zeit, als uns oft zur Verfügung steht. Mein Muster „Russisches Roulette mit Cognac" möge Ihnen ein Ansporn sein, mich zu übertreffen! Krimisketche lassen sich übrigens auch als Ratespiel inszenieren. Verarbeiten Sie Kurzkrimis, wie sie wöchentlich in fast allen Illustrierten erscheinen, und lassen Sie vor der Auflösung des Falles den Täter erraten. Da die Geschichten meistens mehr Handlung haben, als wir in unserem Kurzspiel unterbringen können, empfiehlt sich die sogenannte „Geisterstimme", mit der sich Drehbuchschreiber gern aus der Klemme ziehen. Auf der Bühne werden also nur zwei oder drei markante Szenen ausgespielt, die notwendige Überleitung, den „Faden", hören wir von einem Sprecher über Mikrophon, oder der Spielboß steht am Rampenrand und erzählt, was zwischen den Szenen passiert.

Damit kommen wir zum Stegreifspiel. Das ist das Schwerste und Leichteste zugleich, je nachdem, wie man es auffaßt und wie man es anpackt. Ganz ohne Fahrplan wird der Zug wahrscheinlich entgleisen. Außerdem muß ein Lokomotivführer da sein, und man muß wissen, wohin man fährt. Praktisch heißt das: Thema und Ziel werden festgelegt. Dann wird – man darf das Wort Stegreifspiel nicht allzu wörtlich nehmen – geprobt. Dabei fällt diesem das, jenem jenes ein, was man, wenn es witzig ist, beibehält. Zuletzt wird ein „Teppich" festgelegt. Das heißt: Jeder Spieler lernt seine ersten und letzten Sätze auswendig, und ein Stichwort gilt für alle als Signal, auf den Schluß zuzusteuern. Diese Technik habe ich vom Rundfunk übernommen, aus der grauen Periode, als es noch Live-Sendungen gab.

Das Improvisationsspiel gab es vor Jahrhunderten schon einmal; es hieß damals „Commedia dell'arte". Wie man so etwas auf die Beine beziehungsweise Bühne stellt? Ganz einfach. Unter der Annahme, einen Verkehrsunfall (erheblicher Blechschaden!) klären zu müssen, bittet der Spielboß Damen und Herren aus dem Publikum, sich als Augenzeugen zu melden.

Jeder von uns hat erlebt, wie haarsträubend solche Aussagen sich in der Wirklichkeit widersprechen. Wenn die Mitspieler nur ein wenig übertreiben (in ihrem Text, nicht im Spiel!), sich womöglich angiften, kann eine sehr komische Geschichte daraus werden. Ich möchte bei der Gelegenheit sagen: „Schlag nach bei Kishon!" Wenn Sie sich die „Masche" des genialen Humoristen als Muster nehmen, werden Sie bald treffsichere Sketche am laufenden Band produzieren können. Ganz kurz noch einige Anregungen für improvisierte Gemeinschaftsspiele: „Omas Geburtstag", „Die Testamentseröffnung", „Fernsehen am Samstag abend", "Bei uns wurde eingebrochen", "Hurra, wir haben sechs Richtige" und „Der Familienausflug" in drei Teilen: Vorbereitung, Picknick, Heimkehr. Na, zündet ein Funken? Denken Sie nach! Es fällt Ihnen zu diesen Stichworten garantiert etwas ein!

Welche Themen wählen wir? Das kommt auf den Anlaß an. Für Verlobungs-, Hochzeits- und Tauffeierlichkeiten oder bei Konfirmationen und groß gefeierten Geburtstagen, also für alle Darbietungen im Familienbereich, bevorzugen wir selbstverständlich Themen aus dem Umkreis der Verwandtschaft. Hier, um es paradox zu sagen, blüht der Weizen für Flachs. Auf Großveranstaltungen schlagen wir andere Töne an, kommen aber auch hier der Mentalität des Publikums entgegen. Am schönsten ist es natürlich, wenn es uns gelingt, die „Leute da unten" aus ihrer Lethargie zu locken und nicht nur zusehen und zuhören, sondern mitspielen zu lassen.

Das ist das momentane Modewort des modernen Theaters: „Aktivierung des Publikums". Es ist aber nicht so einfach, die Leute vom bequemen Zusehen zum Mitmachen zu bewegen. Die großen Bühnen tun sich schwer damit. Wir haben es insofern einfacher, als unser Publikum ein geschlossener Kreis ist – wir nehmen jedenfalls an, daß unsere Zuschauer und Zuhörer sich untereinander kennen. Eine Gemeinschaft ist immer leichter dazu zu bringen, sich zu beteiligen, denn unter Bekannten geniert man sich nun einmal nicht so wie in der Öffentlichkeit.

Einen Schritt weiter geht das „Gerichtsspiel", das Sie seriös oder als allgemeines Amüsement durchführen können. Im ersten Fall muß jeder seine Rolle ernst nehmen, sich in den Angeklagten, Verteidiger, Staatsanwalt, Richter oder Zeugen versetzen; alle Mitspieler müssen offensichtlich bestrebt sein, den Fall zu klären, und sind, wie jedes Gericht, um „Wahrheitsfindung" bemüht. Mätzchen verbieten sich hier.

Wir können aber auch die Serie „Ehen vor Gericht" parodieren und durch persönliche Bezüge Heiterkeitsstürme erregen. Oder einen Fall konstruieren, der Anlaß zu komischen Entgleisungen bietet. Eine erprobte Gerichtsverhandlung, die immer wieder, oft minutenlang, durch allgemeine Lachanfälle unterbrochen wird (nur für Erwachsene): Ein Modefotograf ist angeklagt, von einer Minderjährigen in einem Hotel Aktfotos und daselbst einen Verführungsversuch unternommen zu haben. Wie versucht er sich herauszureden? Lügt er oder das „Opfer"? Was sagt die Mutter dazu? Wie äußern sich die Zeugen? Ein Fensterputzer? Das Stubenmädchen? Der Hotelier? Wie die Sachverständigen, der Arzt, der bestätigt, daß das Mädchen noch Jungfrau ist, und der Psychiater, der den Geisteszustand des Angeklagten untersucht hat?

Und was schreibt der Reporter in der „Bild-Zeitung" über den Prozeß? Nehmen Sie sich irgendeinen Gerichtsbericht aus einer Tageszeitung vor, der Ihnen aufgefallen ist, weil die Umstände des Prozesses irgendwie ungewöhnlich waren.

Ob Ernst, ob Spaß, das sind anspruchsvolle Spiele, die sich nur in einem homogenen Kreis verwirklichen lassen. Allgemeiner und für das mitwirkende Publikum nicht so anstrengend ist der „Vexier-Sketch", übrigens ein Originalvorschlag von mir, etwas völlig Neues also.

Zunächst spielen wir einen normalen Sketch – keinen allzu langen, Sie werden gleich merken, warum. Vor Beginn bittet der Spielboß das Publikum um besondere Aufmerksamkeit, da er nach der Aufführung eine Dame und einen Herrn ersuchen werde, Kritiker zu spielen, also eine fachgerechte Kritik zu verfassen, wie sie in den Zeitungen steht. Darum möge jeder sich Bühnenbild, Kostüme, die Darsteller und ihr Spiel fest einprägen. Nach der Aufführung entpuppt sich die Ansage teilweise als Irreführung. Zwar werden eine Dame und ein Herr gebeten, das Kritikeramt zu übernehmen, und sie dürfen sich, um ihre Fachkritik zu verfassen, auch zurückziehen. Unterdessen sind aber Zettel verteilt worden, und der Spielboß erklärt nun, man werde den Sketch noch einmal spielen – allerdings nicht mehr genauso wie vorher, und man möge bitte genau aufpassen, was alles anders ist. (Der Hinweis auf die Bildseite in „Hör Zu" – „Original und Fälschung" wird jedem sofort klarmachen, worum es geht.)

In der Zwischenzeit sind auf der Bühne Veränderungen in der Dekoration sowie bei den Kostümen der Darsteller vorgenommen worden. Nur einige Beispiele: Stuhl statt Sessel, Möbel umgestellt, Zeiger der Uhr verstellt, andere Tischdecke, Fenster im Hintergrund erst offen – jetzt geschlossen etc.; die Darstellerin hat jetzt eine andere, aber ähnliche Bluse an, beziehungsweise Kleid, Rock oder Hose sind leicht verändert! Der Darsteller trägt jetzt Fliege statt Schlips, den Anzug vorher ohne, jetzt mit Weste, braune statt schwarze Schuhe etc. Außer diesen optischen Variationen können Sie auch noch Textveränderungen vornehmen.

Nach der zweiten Aufführung müssen die Zettel abgegeben werden, auf denen jeder die Zahl der „Fehler", die er feststellte, vermerkt hat. Für die ersten drei „Sieger" können Preise ausgesetzt werden. Dann werden die „Kritiker" wieder hereingebeten, um ihre Erzeugnisse vorzulesen. Anschließend wird diskutiert.

So kann es sogar zu einer dritten Aufführung mit neuen Variationen kommen, bei denen sich vielleicht die drei Preisträger etwas ausdenken. Mit Lust und Laune kann ein solches Spiel zu einer abendfüllenden Unterhaltung ausgedehnt werden, bei der alle auf ihre Kosten kommen.

Spätestens seit Otto ist das „Blödeln" in. Wenn da einer erst einmal anfängt, kann er meist nicht aufhören. Aber Vorsicht! Auch Kalauern will gelernt und geübt sein. Man kann die Zuhörer leicht überfordern. Ich habe es erlebt, wie drei prominente Autoren und ein berühmter Filmstar das Drehbuch für einen Lustspielfilm zurechtbastelten und sich dabei über ihre verqueren Witzchen halb tot lachten. Im Kino aber gähnten die Leute, und der Film wurde eine Totalpleite.

Doch zur Füllung eines Programms kann eine Blödelnummer ungeheuer auflockernd wirken, wenn sie gekonnt dargeboten wird, als Solo oder auch als Nonsens-Gespräch zu zweit oder dritt. Das Material können Sie sich aus vielerlei Quellen zusammensuchen, alle Illustrierten und Fernsehzeitschriften haben so eine „verrückte" Vorsatzseite.

Eine kleine Verblüffungsnummer bei größeren Veranstaltungen ist die Ansage: „Auftritt von..."; nun folgt der Name eines Politikers oder einer historischen Persönlichkeit (Kohl, Brandt, Adenauer, Churchill, Trotzki, Napoleon oder wer auch immer) oder eines prominenten Künstlers (von Hans Albers bis Ustinov). Voraussetzung ist, daß jemand aus unserem Kreis mit dem Darzustellenden eine Ähnlichkeit hat, zumindest durch maskenbildnerische Künste so hinzukriegen ist, daß er dem Angekündigten gleicht. (Dasselbe gilt natürlich für die Damenwelt.) Der Angekündigte kommt nach einem Tusch gravitätisch auf die Bühne, posiert in der Mitte, schaut eine Weile stumm in den Saal, und tritt dann plötzlich, aber betont mit einem Fuß auf. Jetzt sofort Blackout, also Vorhang zu, Abgang. Sollte der „Doppelgänger" auch noch den Tonfall des Originals kopieren können... aber das wäre ein seltener Glücksfall!

Gibt es ungeeignete Stoffe, vor denen ich warnen müßte? Alles Komplizierte, alles Problematische! Sonst aber läßt sich aus allem, was uns im Leben begegnet, ein Sketch machen.

Auch in der internen Beziehung zwischen den beiden Geschlechtern gibt es (Hand aufs Herz!) unglaublich komische Situationen. Warum sollte also dieses weite Feld um das Thema Nr. 1 für uns tabu sein? Beim Schreiben werden uns der angeborene Takt und die gute Kinderstube schon sagen, wie weit wir gehen dürfen. Hier ist besonders wichtig, vor wem wir spielen. Und noch mehr als sonst kommt es hier auf die Darstellung an. Selbst ein Meisterwerk wie Schnitzlers „Reigen" hat Skandale ausgelöst und darf heute noch nicht auf jeder Bühne gespielt werden. Aber wenn es auch, selbst in Staatstheatern, keine moderne Inszenierung, ob von zeitgenössischen Autoren oder Klassikern, ohne die obligate „Nackte vom Dienst" gibt – in dieser Beziehung wollen wir nicht konkurrieren. Pornographisches und Zoten scheiden von vornherein aus. Auch Striptease ist für uns tabu. Versuchsweise schlage ich einen vor, bei dem aber der Clou ist, daß die Erwartungen enttäuscht werden. Für Texte stehen Tausende von Witzen zur Verfügung, es kommt wieder einmal nur auf die Auswahl an. Nehmen wir zum Beispiel den Uraltwitz von dem Hotelgast, der durch die dünne Wand aus dem Nebenzimmer sich stundenlang anhören muß: „Ei, ei wem gehört denn das süße Popochen?" und schließlich die bekannte drastische Antwort gibt. Kennen Sie die neue, pikante Variante? Da sitzt der Gast morgens beim Frühstück und der Hoteldirektor erkundigt sich, wie er in seinem Hause geruht habe. Gast: „Gräßlich! Die ganze Nacht mußte ich mir anhören: ‚Ei, ei, wem...!" Er sagt es dreimal, in sich steigerndem Tonfall. Hoteldirektor: „Bitte nicht so laut! Die beiden Herren sitzen am Nebentisch!" Finden Sie das zu unanständig? Dann vergessen Sie's!

Wie aber bringen Damen und Herren, die über eine schöne Singstimme verfügen, ihre Gabe zur Geltung? Das musikalische Kurzspiel ist bisher bei uns sehr vernachlässigt worden. Fertige Miniooperetten gibt es so gut wie gar nicht. Hier müssen wir zur Selbsthilfe greifen und etwas Passendes für unseren Zweck – aus Opern, Operetten und Singspielen – zusammenstellen. In der Kunst nennt man so etwas „Collage". Ein gelungenes Potpourri mit Bezug auf den Aufführungsgrund beziehungsweise Anspielungen auf etwas allen Zuhörern Bekanntes erweist sich stets als wirkungsvoll. Ein solches „Quodlibet" (neue Texte nach alten Melodien) eignet sich auch vorzüglich als effektvoller Schluß für ein jedes Festprogramm.

Der geläufigste Rahmen für einen Sketch mit Gesang ist „Vorsingen am Theater". Für komische Gags sorgen Unterbrechungen durch den Direktor, den Inspizienten, die Reinemachefrau, möglichst an den unpassendsten Stellen. Oder der Begleiter am Klavier verhaspelt sich andauernd. Da ergeben sich manche Scherze beim Probieren. Ein märchenhafter Einfall für eine größere Spielgruppe von Jugendlichen: Ein König hat die Sprache verloren. (Vielleicht, weil ihm ein Untertan die Meinung gesagt hat.) Doch singen kann er noch. Damit er sich nicht lächerlich macht, befiehlt er: In seinem Land darf künftig nur noch gesungen werden. Nun müssen alle Hofschranzen singen, auch wenn sie es nicht können. Ein fremder Prinz, der die Tochter des Königs freien will, weiß nichts von dem Singbefehl. So, und nun denken Sie sich eine kurze Handlung und ein zündendes Ende aus!

Im Grunde sind fast alle Sketche „gespielte Witze" – mehr oder weniger aufgeplustert. Wenn Sie mir bisher gefolgt sind, haben Sie es verdient, daß ich ganz offen zu Ihnen bin: ein Originalsketch, der einen noch niemals dagewesenen Inhalt hat, ist seltener als eine Perle in einer Auster. Schon darum ist es besser, wenn wir uns selbst einen Sketch bauen. Auch wenn dieser nicht ganz neu ist.

Zum Thema „gespielte Witze" will ich Ihnen aber gern ein paar Tips geben. Immer zündend und besonders als Blackout, also als Ausklang, geeignet ist der superkurze Witz, der nur aus zwei Sätzen besteht. Etwas längere Witze startet man am besten als Serie.

Eine Witzreihe ist schon darum zu empfehlen, weil im Publikum zumindest ein Witz bekannt ist, denn es gibt gar nicht so viele Witze, wie es oft den Anschein hat. Gut gespielt wirkt auch ein bekannter Witz, er muß ja nicht gerade so alt sein wie Methusalems Urgroßvater. Oder, wie mir kürzlich ein Freund sagte, als ich einen meiner Meinung nach funkelnagelneuen Witz erzählte: „Du, als Adam und Eva den Garten Eden umgruben, fanden sie eine versteinerte Tafel – auf der war dieser Witz schon durchgestrichen." Wollen Sie noch wissen, wo Sie die für Sketche vielleicht geeigneten Witze finden, die noch nicht so allgemein bekannt sind? In Comicstrips und Cartoons! Karikaturen kennzeichnen nämlich meist Situationen, die zum Lachen reizen. Sie müssen die gezeichneten Witze nur mit einiger Phantasie nachspielen! Hier ist eine Fundgrube für optische Pointen. Und damit erübrigt sich jedes weitere Wort über das „Was".

Wo wird gespielt?

Es ist ein gewaltiger Unterschied, ob wir in großen oder kleinen Räumen spielen. Steht Ihnen eine normale Theaterbühne zur Verfügung (Tanzsaal, Aula, Kulturhaus), empfiehlt es sich, mit vorhandenen Vorhängen, Versatzstücken usw. den Spielraum zu verkleinern. Nutzen Sie möglichst die Vorderfläche aus. Von der Hinterbühne her wird der Ton leicht unverständlich. Bei den Proben muß der Spielboß die Akustik nicht nur von der hintersten Reihe des Zuschauerraums aus überprüfen, sondern auch von der Mitte aus – etwa in der sechsten Reihe haben viele Säle nämlich ein akustisches „Loch". In großen Räumen muß man vollen Ton geben, also laut und deutlich sprechen, damit man „über die Rampe kommt". Die Bühnenkarriere eines manchen Filmsternchens ist daran gescheitert, daß das zarte Mikrophongesäusel bereits in der vierten Reihe kaum noch zu vernehmen war.

Auf einer richtigen Bühne muß Bewegung herrschen, mehr Aktion als auf einem Nudelbrett. Die Spieler müssen wirkliche Akteure, das heißt Handelnde, sein und nicht nur zwei Personen, die dastehen und miteinander reden. Darum sind vor einem größeren Publikum nur Sketche geeignet, deren Witz nicht allein im Dialog liegt, sondern die eine Spielhandlung haben; eine möglichst turbulente sogar, die in jedem Fall mit einem echten Überraschungsmoment enden muß, mit einem Knalleffekt. Pointe heißt nicht nur Stachel oder Spitze, sondern auch

Schärfe, Würze, Prickeln, witziger Einfall, Wortspiel. Ein Sketch ohne Pointe ist ein Auto ohne Benzin, ein Killer ohne Colt, ein Mädchen ohne Busen. Sobald der Vorhang aufgeht oder es hell wird, muß der Zuschauer wissen, was die Szene darstellt, ob ausgebaut oder nur angedeutet: eine Straße, ein Büro, ein Zimmer, eine Bar oder was auch immer. Die Beleuchtung muß der Tageszeit beziehungsweise dem Milieu entsprechen, immer aber hell genug sein, um den Ort zu erkennen und die Spieler deutlich sehen zu lassen.

Auf Theater- oder Vereinsbühnen spielen auch Bühnenbild und Beleuchtung eine wesentliche Rolle. Die Ausleuchtung wird sich nach der jeweiligen technischen Anlage richten; zu Hause dürfte das durch Stellscheinwerfer, Klemmleuchten etc. kein schwierig zu lösendes Problem darstellen. Nochmals: Die Spielfläche muß um einige Grade heller sein als in Wirklichkeit, selbst wenn die Szene im Dunkeln spielt. Über das, was man nicht deutlich sieht und hört, kann keiner lachen.

Auch mit der Dekoration wollen wir es uns nicht allzu schwermachen. Sie kennen da ja sicher vom Kabarett her, wie großzügig man verfahren und mit wie wenigen Andeutungen man sich begnügen kann. Nur wenige Sketche (wie die Krimis, die ernst genommen werden wollen) erfordern eine realistische Dekoration. Die meisten, da sie ja parodistischen Charakter haben, können wir mit einfachsten Mitteln bewältigen, gewissermaßen symbolisch ausstatten. Zum Beispiel: zwei einander gegenüber aufgestellte Bänke, ein aus Latten gebastelter Türrahmen am unteren Ende dazwischen – und ein Zugabteil ist fertig. Wo wir zusätzlich Schilder oder Tafeln anbringen, bleibt unserem Witz überlassen. Die Leute von heute sind an einen solchen Signalstil gewöhnt wie das Publikum zu Shakespeares Zeiten, dessen Dramen ja alle ohne Dekoration gespielt wurden.

Bei Spielen im Freien muß noch mehr als sonst auf die Akustik geachtet werden, damit das Wort nicht vom Wind verweht. Terrassen sind ideale Bühnen. Im Garten genügt eine Laube oder eine Baumgruppe als Hintergrund. Besser als textgebundene Sketche sind bei Gartenpartys Bewegungsspiele. Hier hat die Optik Vorrang (Clownsnummern, zwei Betrunkene auf dem Heimweg, eine Frau sucht ihr verlorenes Portemonnaie usw.). Nehmen Sie sich einen Band Karl May, und suchen Sie sich eine Szene heraus, die Ihnen gefällt. Es gibt bei ihm herrlich komische Dialoge. Es muß nicht eine Halle mit pompöser Freitreppe sein – auf jeder Treppe läßt sich lustig agieren. Themenvorschläge: „Ein Liebespaar", „Verlorene Schlüssel", „Gläubiger wartet auf Schuldner" usw. Praktisch gibt es, wie für Liebende Raum in der kleinsten Hütte ist, für Spielbesessene keine räumliche Beschränkung: von der Kongreßhalle bis zum Klo – damit beenden wir die Frage: „Wo?"

Wie wird gespielt?

Über Schauspielkunst – was ein wirklicher Menschendarsteller ist und was ein „Versteller", ein Vollblutkomödiant und ein Schmierenschauspieler –, darüber wüßte ich viel zu erzählen. Doch das könnte Sie nur verwirren. Nur habe ich etwas gegen das Wort „Laienspieler". Seit im Fernsehen mehr und mehr Nichtprofis bewundernswert ihre Rolle spielen und seit die Jungfilmer Menschen wie Sie und mich groß herausstellen und diese oft natürlicher wirken als jeder „Gelernte", seitdem verwischen sich die Grenzen.

Die große Schauspielbühne bleibt dem wahren Mimen vorbehalten, denn Theaterspielen ist ja auch ein Handwerk, das erlernt sein will, allem Talent zum Trotz. Aber für den Hausgebrauch stehen wir unseren Mann beziehungsweise unsere Frau. Wir sind Spieler, keine Laien. Wir sind im ursprünglichen Wortsinn Dilettanten, das heißt: Wir spielen, um uns und andere zu ergötzen (dilettare = ergötzen). Also keine falsche Bescheidenheit! Für jedes Auftreten vor Publikum ist es das A und O, daß man seiner selbst sicher ist. Das ist nur möglich, wenn man den Text im Schlafe kann und sich darauf freut, ihn sprechen zu können.

Nach dem Grundsätzlichen wollen wir nun ins Detail gehen. Wir haben einen Sketch gefunden, der uns gefällt, und wollen ihn aufführen. Wie machen wir das am besten? Der Sketch hat drei Spieler. Also wird der Text fünfmal abgeschrieben. Ein sagen wir mal angeberisch „Drehbuch" erhält der Spielboß, je eines jeder Spieler und der Inspizient. Dann setzt sich die Crew zusammen und bespricht alle Einzelheiten. Die Szene spielt beispielsweise in einem Büro. Spielen wir in einem Zimmer, erheben sich verschiedene Probleme.

Erster Punkt. Welches ist die beste Spielecke in einem kleinen Raum? Bei einem größeren ist die Frage, ob wir ein Podest beschaffen müssen. Können wir an der Rückwand ein Regal aufstellen, oder läßt sich ein gemalter Hintergrund anbringen? Vielleicht läßt sich eine Stellwand beschaffen, die man mit abwaschbaren Farben bemalen kann? Läßt sich ein Plakat verwenden? Oder malen wir auf die Rückseite eines großen Plakats oder auf Packpapier großzügig einen Panzerschrank oder einen Aktenschrank? Wer beschafft die nötigen Utensilien? Wer malt? In einem anderen Fall soll die Szene eine Straße darstellen. Wie gestalten wir da den Hintergrund? Begnügen wir uns vorn mit einem Pfahl, mit einem Straßennamenschild rechts und einem Parkschild auf der linken Seite? Wer stellt das auf die Beine?

Zweiter Punkt: Welche Requisiten brauchen wir? Für den Bürosketch beispielsweise Schreibmaschine, Telefon, Leitzordner – was noch? Wie ist die Beleuchtung? Können wir Scheinwerfer aufstellen – und wo? Genügen für den kleinen Raum zwei Klemmlampen mit stärkeren Birnen? Gibt es dadurch auch keinen Kurzschluß, der uns womöglich vor Schluß die Pointe verknallt?

Dritter Punkt: Wie ziehen wir uns an? In einem realistischen Sketch am besten normale Kleidung, in jedem Fall dem Typ entsprechend. Welche „Klamotten" besorgen wir uns in grotesken Szenen für komische Figuren? Brauchen wir Perücken? Woher bekommen wir die? Müssen wir Maske machen, also uns schminken? In normalen Szenen ist dringend davon abzuraten; auch die Damen können sich mit ihrem üblichen Make-up begnügen.

Sind wir uns über sämtliche technischen Voraussetzungen einig geworden, nehmen wir uns den Text vor. Ich empfehle dringend eine gründliche Leseprobe! Mit dem Spielboß (der stets primus inter pares bleiben soll, also erster unter Gleichgestellten – das heißt, er hat keine Verordnungs-, sondern eine Ordnungsfunktion), gehen wir Satz für Satz den Text durch und legen die Spielweise fest, die bei realistischen Szenen anders ist als bei grotesken. Es gibt Dialogstellen, wo Rede und Gegenrede ohne Verzögerung erfolgen müssen, sogenannte „Klappsätze". Da muß der Text sitzen, und alles muß Schlag auf Schlag gehen. Andere Stellen dagegen müssen mit „Zeitzünder" gespielt werden. Die Wichtigkeit der Pause ist nicht zu unterschätzen. Anfänger und Laien neigen dazu, ihre Sätze möglichst schnell loswerden zu wollen, als ob sie unter Beweis stellen müßten, daß sie ihren Text tadellos auswendig können. Haben Sie bitte keine Scheu vor einer Pause, selbst nicht vor einer längeren – natürlich muß sie „gefüllt" sein. Ihr Spiel muß sogar intensiver weitergehen, als wenn Sie sprechen. Das erhöht die Spannung, und niemand kommt auf den Gedanken, Sie warteten auf Ihr Stichwort vom Souffleur. Diesen benötigen wir nicht, denn unsere Rollen sind nicht so groß. Daß wir sie absolut sicher intus haben und auch im Schlaf hersagen könnten, ist doch für uns selbstverständlich.

Dennoch kann man steckenbleiben. Aber nicht aus Gedächtnisschwäche, sondern weil eine plötzliche Blutleere im Gehirn auftritt. Da würde dann auch kein Souffleur helfen können. Solche psychologischen Pannen sind aber gottlob so selten wie sechs Richtige im Lotto; sie treten kaum auf, wenn wir absolut „spielsicher" sind. Genauso wie den Text, müssen wir jede Geste, jeden Gang, jede Reaktion auf den Partner beherrschen. Vor allem aber auch absolut sicher sein in der Handhabung der Requisiten. Das Wort Handhabung ist in diesem Fall wörtlich gemeint.

Wie oft haben Sie schon den Frühstückstisch gedeckt? Wenn Sie das jetzt aber auf der Bühne tun sollen und zugleich reden und spielen, dann werden Sie bei der ersten Probe merken, daß es gar nicht so einfach ist, mit einem vollen Tablett hereinzukommen, es vielleicht auf engem Raum um Ihren Partner herumzubalancieren und diesem dabei das Gesicht zuzuwenden, während Sie Kännchen, Teller, Tassen usw. auf den Tisch stellen (und dabei auf das Stichwort achten). Dann müssen Sie auch noch sekundenschnell antworten und in genau 50 Sekunden – denn mehr stehen Ihnen nicht zur Verfügung – mit dem Tischdecken fertig sein. Aber keine Angst! Bis zur Aufführung haben Sie das so oft geübt, daß es dann scheint, als hätten Sie Ihr Leben lang nichts anderes getan, als genau zu diesem Text den Frühstückstisch zu decken. Mit Gegenständen zu hantieren kann also nicht improvisiert werden. Die andere Schwierigkeit für Anfänger ist das Wohin mit den Händen, wenn man nichts in ihnen hat. Sehen Sie sich einmal daraufhin die hilflosen Bewegungen der Schlagersternchen im Fernsehen an. Genauso dürfen Sie es nicht machen! Männliche Spieler haben es leichter, sie haben in letzter Verzweiflung Hosentaschen, aber das paßt nur in den seltensten Fällen zum Spiel.

Bei der Leseprobe unterstreicht jeder Spieler in seinem Textbuch die letzten Worte seines Partners, bevor er sprechen soll; das sogenannte Stichwort mit einer Farbe und den eigenen Text mit einer anderen. Anschließend folgt die Stellprobe. Jetzt wird in der markierten Szene jeder Auftritt und jeder Gang festgelegt, jede Bewegung, jede Reaktion, eben das Spiel. Das alles notiert sich jeder Spieler an der entsprechenden Stelle in seinem Textheft.

Dann lernen wir den Text; dem einen fällt das leichter, dem anderen etwas schwerer. Aber erst wenn wir absolut textsicher sind, können wir uns freispielen. Und auf einmal fällt uns dann vielleicht sogar etwas Neues ein. Hier gilt es zu unterscheiden: Ein Krimi und jeder dramaturgisch festgebaute Sketch sollte wörtlich gebracht werden, wie er im Buch steht. Bei den meisten im bürgerlichen Milieu angesiedelten Scherzspielen aber sind die passenden Improvisationen erst das Salz in der Suppe. Ob in der Familie oder im großen Betrieb – der Name Gemeinschaft sagt ja, daß man etwas gemein hat, und das sind unter anderem auch komische Erlebnisse. Entschuldigen Sie, wenn ich mich wiederhole – aber es ist tatsächlich ein Phänomen, welche durchschlagende Wirkung es hat, wenn etwas, was unter der Hand alle wissen, plötzlich öffentlich auf der Bühne ausgesprochen wird. Oft genügt schon das Nennen eines Spitznamens, um einen Lachsturm hervorzurufen. Ich habe auf dem Betriebsfest einer großen Firma erlebt, daß zwei berühmte Stars und ein im Fernsehen sehr beliebter Humorist zwar den gebührenden Beifall erhielten, der Clou des Abends aber ein kleiner Werkmeister war. Sein selbstgefertigter Prolog und sein Couplet waren mit verulkenden Anspielungen auf alle bekannten Personen und Vorgänge in der Firma gespickt. Er wurde immer wieder von Lachsalven unterbrochen, und am Schluß wollte der Jubel kein Ende nehmen – ein gelungener Vortrag.

Ob improvisiert oder nach gelerntem Text: In keinem Fall darf Ihr Auftritt provokant wirken. Die Eitelkeit stellt auch großen Mimen oft genug ein Bein. Bleiben wir Amateure bescheiden, denn wir sind doch, wie das Wort „amare" deutlich sagt, Liebhaber und keine Kulissenreißer. Spielfreude heißt an der Sache Spaß haben, nicht an sich selbst. Sehen Sie sich einmal die Akteure auf der Filmleinwand, dem Bildschirm und auf dem Nudelbrett der Kabaretts etwas genauer an, und Sie werden bald merken, wer seine Masche abzieht und wer mit Leib und Seele hinter seiner Sache steht. Die wirklich Großen geben sich immer ganz aus. Bitte verstehen Sie mich nicht falsch. Wir sind ja nicht größenwahnsinnig und wollen nicht so hoch hinaus. Doch der Funke muß auch bei uns da sein, sonst brennt's nicht. In mehr Menschen, als man meint, ist beispielsweise ein Komiker versteckt. Man muß ihn nur herauslassen. Versuchen Sie es einmal! Naturbegabungen haben es leicht. Verkrampfter Ulk dagegen wirkt peinlich.

Eine komische Type läßt sich mit Spielfreude eigentlich immer auf die Beine stellen; durch eine bestimmte Geste, durch die Körperhaltung und vor allem durch den Gang. Man muß nicht Charlie Chaplins Watscheln nachahmen wollen, aber wie einer stolziert, trippelt, über den Onkel geht, ob auf den Fersen oder auf den Zehen, ob er schreitet oder hüpft – die Art charakterisiert sofort den Typ. Aber auch da heißt es maßhalten, nicht übertreiben! Hier liegt es am Spielboß, Sie zu zügeln, wenn Sie „zuviel" machen. Es gibt berühmte Komiker, die, wenn sie vom Regisseur nicht gebändigt werden, ihrem „Affen Zucker" geben, so daß die Aufführung zur Klamotte wird.

Ein praktischer Wink: Es scheint inkonsequent, wenn ich Ihnen jetzt rate, daß Sie am Anfang doch übertreiben sollen. Steigen Sie, wenn es Ihr Temperament erfordert, erst einmal saftig in die Kanne! Dann nehmen Sie, von Probe zu Probe, immer mehr zurück, bis Ihnen der Spielspaß sagt: So ist es richtig. Ganz besonders gilt das für die immer wieder so gern gespielte und dankbare Rolle des Betrunkenen. Selbstverständlich dürfen wir, da wir ja letzten Endes Ulk machen, ein bißchen übertreiben, aber bitte nicht zu sehr.

Zum Übertreiben gehört auch das Überbetonen. Da haben wir einen Satz, der uns genüßlich über die Zunge geht, oder eine Pointe, von der wir einen ganz sicheren Lacher erwarten, und dann wird dies, möglichst noch mit beziehungsvollem Blick, hinausgeschmettert. Falsch! Eine feststehende Regel, wie man eine Pointe bringen muß, gibt es nicht. Je nach Erfordernis der Szene kann der Satz etwa ganz schnell kommen oder aber nach einer Verzögerungspause (in Gedanken bis drei zählen!). Auch ob laut oder leise hängt von der Situation ab. Für die Lautstärke muß man sich auf sein Fingerspitzengefühl verlassen. Für die meisten Dialogpointen, Wortspiele und witzigen Bemerkungen gilt jedoch grundsätzlich das, was man „Fallenlassen" nennt: Man bringt sie nonchalant, lässig, leise, fast wie nebenbei. Ich verrate Ihnen noch einen uralten Trick: Wenn etwas völlig Unerwartetes geschieht (in Worten oder in der Handlung) – nicht sofort reagieren! Schauen Sie sich in der Flimmerkiste Dick und Doof oder die anderen Stummfilm-Komiker an. Wenn einem ein Balken auf den Kopf fällt, lächelt er ruhig weiter oder macht ein gußeisernes Gesicht. Erst nach einer Weile durchzuckt es ihn. Nehmen Sie sich also die lacherprobten Stummfilm-Komiker zum Vorbild! Sagt Ihnen Ihr Partner eine Ungeheuerlichkeit, dann sitzen oder stehen Sie da und tun, als hätten Sie es gar nicht gehört (zählen Sie in Gedanken bis drei!) – dann jedoch reagieren Sie vehement!

Ausnahmsweise kann in einem Sketch, der besonderen Wirkung wegen, auch einmal ein längerer und schwierigerer Satz vorkommen. Bei einem solchen „Zungenbrecher" hilft es nichts: Den müssen Sie bei jeder Gelegenheit, überall, wo Sie im Moment allein sind und keinem Mitmenschen damit auf den Wecker fallen, immer wieder vor sich hersagen. Gert Fröbe erzählte einmal, daß er lange und schwere Sätze, besonders wenn er in französischen oder englischen Filmen spielte, viele hundert Male aufsagte, und zwar eingeteilt in Abschnitte, Silbe für Silbe, ohne Sinnbetonung skandierend, erst langsam, dann schnell und immer schneller, bis er sie im Jet-Tempo herunterrasseln konnte. Ahmen Sie den „großen Kollegen" nach! Erst wenn Sie den Satz auf diese Weise intus haben, sprechen Sie ihn mit Sinn und Verstand und im richtigen Tempo. Wenn Sie eine Opern- oder Operettenszene parodieren wollen, ein Duett oder eine Arie, wenn Sie ein Couplet, einen Song, einen Schlager mit Orchesterbegleitung bringen wollen (im Original oder mit eigenem neuem Text) benutzen Sie folgenden einfachen Trick: Sie spielen die Schallplatte oder das Band beziehungsweise die Cassette auf einem Zweitgerät in einiger Entfernung von Ihrem Aufnahmegerät ab, halten das Mikrophon aber dicht an Ihren Mund. (Vorsicht! Nicht zu laut werden! Das muß geübt werden, bis es klappt.) Dann haben Sie auf Ihrer neuen Aufnahme den Orchesterklang im Hintergrund, übertönen die Originalstimmen aber stark, weil Ihre Stimme im Vordergrund liegt; es ergibt sich dabei die Illusion, daß Sie mit Orchesterbegleitung singen. Wenn Sie aber zufällig einem prominenten Star ähnlich sehen und beispielsweise als Anneliese Rothenberger oder Peter Alexander persönlich auftreten wollen, zu Ihrem Leidwesen aber nicht die Stimme dieser Künstler besitzen, so genügt das übliche Playback-Verfahren, das heißt, Sie lassen den Originalton laufen und bewegen nur die Lippen, wie es die meisten Hit-Akrobaten im Fernsehen tun.

Noch ein Wink: Vorsicht mit Alkohol! Alkohol ist nicht nur am Steuer eine Gefahr, er ist auch gefährlich für die Exaktheit der Textwiedergabe. Man muß nicht so weit gehen wie ein Kollege von mir, der nach einem fröhlichen Trinkerleben Abstinenzler wurde und dann erklärte: „Jeder Schnaps ist ein Schuß durchs Gehirn!", aber als Anregungsmittel hat Alkohol oft unerwünschte Nebenwirkungen. Vor allem wirkt er nicht immer gleich und auf jeden Menschen verschieden. Es gab große Schauspieler, die konnten nur spielen, wenn sie genügend intus hatten, anderen blieb der Text weg. Auch hier gilt die Regel: Jeder nach seinem eigenen Maß und nach seiner eigenen Erfahrung! Bei der Aufführung rate ich also dringend ab, vorher etwas Alkoholisches zu sich zu nehmen. Dagegen habe ich gute Erfahrungen gemacht, wenn einmal eine Probe durch ein, zwei Gläschen Wein gelockert wurde. Ein gekühlter Rosé oder auch ein Schluck Tokaier pulvern mächtig auf. Aber bitte erst, wenn der Text ganz fest sitzt. Durch die gehobene Stimmung können witzige Improvisationen zustande kommen, die man dann beibehält. Die Haupt- und Generalprobe aber sollte mit eisernem Ernst durchgeführt werden. Wer da Quatsch macht, müßte Strafe zahlen! Und wer jetzt genug von meinen Hinweisen hat und nicht endlich anfängt zu probieren – auch!

Den wichtigsten Rat, den ich Ihnen geben kann: Sprechen Sie, wie Ihnen der Schnabel gewachsen ist! Versuchen Sie nicht, das Bühnenhochdeutsch nachzuahmen. Übrigens hört man auch jedem Schauspieler und jeder Schauspielerin an, in welchem Landstrich sie aufgewachsen sind, der Tonfall der Heimat ist nicht zu verleugnen. Wie unverkennbar sind doch die Wiener! Sie haben darum doppelten Grund, Ihre Sprache nicht zu verkünsteln, sondern so zu sprechen, wie Sie es im Alltag tun, gleichgültig, ob Sie nur anklingend oder voll im Dialekt reden. Nur so können Sie vollkommen natürlich sein. Alles andere wirkt „aufgesagt". Um das zu vermeiden, dürfen Sie, wenn Ihnen der Text nicht liegt, einen zu schwierigen Satz Ihrer Rolle so ummodeln, daß er Ihnen wie selbstverständlich von den Lippen kommt. Dieser Rat ist schon 500 Jahre alt. Shakespeare läßt es durch Hamlet den Schauspieler sagen: „Leicht von der Zunge weg" muß die Rede kommen und: „Paßt die Gebärde dem Wort, das Wort der Gebärde an!" Wer das kann, hat es geschafft. Der Gatte eines weltberühmten Stars sprach klassische Texte, wie man im Bühnenjargon sagt „mit frisierter Schnauze". Einmal spielte er in einem bayerischen Stück und durfte in seinem Heimatidiom sprechen. Plötzlich wirkte er so echt und natürlich, als ob er seinen Text improvisiere. Vorsicht aber, fremde Dialekte zu imitieren! Besonders übel hört sich fast ausnahmslos das Sächsisch von Nichtsachsen an. Auch Karl Valentin ist unnachahmlich, wie viele negative Versuche von Profis bewiesen haben. In Ihrer Heimatsprache jedoch werden Sie unschlagbar sein! Und unvorbereitet agieren können Sie am besten in der Ihnen eigentümlichen Sprechweise.

Wie aber bekommen wir das Publikum zum Mitspielen? Die simpelste Methode ist die althergebrachte, in dem man die Leute auffordert, mitzuschunkeln oder etwa wie bei Joan Baez mitzusingen. Doch das funktioniert nur beim Singen.

Hier muß der Spielboß seinen Charme wirken lassen. Je sympathischer er sich darstellen kann, um so eher werden die Leute bereit sein, den Wunsch zu erfüllen. Ein erprobter Ansage-Gag ist das „Ahoi" als Begrüßung. Der Boß beginnt: „Wer ‚A' sagt, muß auch ‚B' sagen, heißt es. Ich aber bitte Sie jetzt, meine Herrschaften, wenn ich ‚A' sage, ‚Hoi' zu sagen. Nein, nicht das Heu, was so viele Zeitgenossen im Kopf haben, sondern ‚Hoi' mit oi, also wir wollen uns geteilt und doch gemeinsam den alten Schiffergruß zurufen ‚Ahoi'! Probieren wir es einmal!" Der Boß holt weit mit dem rechten Arm aus, ruft „A" – schwingt den Arm zum Zeichen, und alle im Saal rufen „Hoi!". Darauf der Boß: „Na ja, für den Anfang war das schon ganz gut, aber ich glaube, wir müssen das noch ein bißchen üben." Dann fordert er einzelne Gruppen auf (in der Familie etwa Onkel und Tante, bei Betriebsfeiern die Prokuristen), zunächst schwächere Gruppen, mit deren Zuruf er unzufrieden ist, dann andere (in der Familie die Kinder, im Betrieb die Reinemachefrauen), mit denen er zufrieden ist. So spielt er einzelne Gruppen (die Damen gegen die Herren) aus, was – durch seine amüsanten Kommentare gewürzt – sofort eine gehobene Stimmung erzeugt. Und haben wir erst einmal unser Publikum in heiterer Laune, dann können wir anfangen.

Über mangelnde Kommunikation, das heißt die Verbundenheit zwischen den Menschen, wird immer häufiger geklagt. Unternehmen wir etwas dagegen! Laden Sie nicht nur Ihre Freunde vom Stammtisch und Ihre Kollegen ein! Wenn Sie irgendwo nette Menschen kennenlernen, in den Ferien, in der Kneipe, bitten Sie auch diese, Gast zu sein bei einem vergnüglichen Abend.

Als Höhepunkt spielen Sie ihnen dann einen Sketch vor oder auch zwei. Damit bereiten Sie Ihren Mitmenschen eine Freude und sich selbst erst recht.

Der Lustspieldichter und Komiker Curt Goetz ließ seinen Dr. Hiob Prätorius sagen: „Gelehrt sind wir genug, was wir brauchen, ist Heiterkeit!" Und selbst der alte Pessimist und Weiberfeind Schopenhauer schrieb: „Der Heiterkeit sollen wir Tür und Tor öffnen, wo immer sie sich einstellt, denn sie kommt nie zur unrechten Zeit." Na bitte! Bei uns stellt sie sich ein, und zwar sofort. Gleich hinsetzen und einen Sketch schreiben! Und übermorgen fangen die Proben an.

Viel Spaß und gutes Gelingen! Toi, toi, toi!

Der Glückspilz

Personen:	Alois Wackernagel, Polizeiobermeister Herr Müller, Gast Elli Herz, Wirtin Zeitungsverkäufer
Requisiten:	*Flaschen (Bier echt, statt Klarem nur Wasser!), Gläser, Zeitungen*
Szene:	*Gaststube des Wirtshauses („Zur gelben Eule"). Ausstattung nach Größe und Belieben des zur Verfügung stehenden Spielraums. Hintergrund vielleicht gemalter Prospekt mit typischem Milieu. Umgedrehte Kommode (mit bemalter Rückfront) kann als Theke dienen, darauf ein kleines Fäßchen Bier, das den Ausschank markiert. Im Vordergrund ein Tisch mit drei Stühlen. Polizeiobermeister Alois Wackernagel sitzt, mit dem Gesicht zum Publikum, am Tisch, trinkt, stiert vor sich hin. Er ist betrunken, aber glasklar im Gehirn. Herr Müller, ein Gast, vor der Theke und Elli Herz, die Wirtin, hinter der Theke beobachten ihn interessiert. Herr Müller geht mit seinem Bier auf Wackernagel zu.*

MÜLLER Entschuldigung, sind Sie nicht der nette Wachtmeister aus unserem Revier? Herr Wackernagel, wenn ich nicht irre. *(steht jetzt am Tisch)* Darf ich?

ALOIS *(nickt)*

MÜLLER Gestatten, Müller. Sie waren so freundlich, als ich mal mit einem Zettel ... na ja, ich hatte etwas getrunken und mußte in die Tüte pusten.

ALOIS *(zuckt zusammen, als habe ihn etwas gestochen)*

MÜLLER *(sich setzend)* Ich hätte Sie erst gar nicht erkannt, so ohne Uniform.

ALOIS *(zuckt wieder zusammen)* Hat sich was mit Uniform. *(Er spricht zeitweilig mit schwerer Zunge, darf aber keinesfalls lallen und muß immer deutlich zu verstehen sein. Er blickt mit großen Augen auf Müller.)* Sind Sie ein Mensch?

MÜLLER	Ein Mensch wie du und ich ... pardon, wie Sie und ich.
ALOIS	Ich bin kein Mensch mehr.
MÜLLER	Na ja, gerade Sie haben mir gezeigt, daß Sie nicht bloß Beamter sind, nicht nur Polizist.
ALOIS	Bin auch kein Polizist mehr.
MÜLLER	Aber wieso denn? Ich sah Sie doch erst gestern noch Streife fahren.
ALOIS	Hat sich ausgestreift.
MÜLLER	Ich verstehe nicht.
ALOIS	Ich versteh's ja auch nicht.
MÜLLER	Was ist denn passiert, um Gottes willen?
ALOIS	Alles wegen Anni.
ELLI HERZ	*(hinter der Theke, leise für sich)* Dieses Miststück!
ALOIS	Meine teure Braut.
MÜLLER	Ist ihr was passiert?
ALOIS	Ihr nicht ... mir ... wegen ihr.
MÜLLER	Und was?
ALOIS	Das kann man gar nicht erzählen. Das glaubt mir ja doch keiner. *(Müller am Arm nehmend)* Sind Sie ein Mensch? Dann hören Sie mir mal zu. Anni hat einen Unfall gebaut. Kam von einer Geburtstagsfeier. Blechschaden. Alkoholprobe muß natürlich sein. Aber muß das sein, daß ausgerechnet ich ihre Tüte in die Finger kriege? Seh' ich doch meine kleine Anni schon hinter Gittern. Nee, denk' ich, das soll nicht sein! Was also macht Alois Wackernagel? Hat eine Idee. Sage auf Wache, muß mal schnell wohin.

	Hau ab in die kleine Kneipe nebenan, tütel zwei Bier und einen Lütten, fix und fix, dann zurück und zu unserem Tütendoktor und bitte ihn, möchte mal messen, wieviel das so macht, wenn man zwei Bier und'n Korn ... verstehen Sie?
MÜLLER	Na, was ergab das schon?
ALOIS	Meinen Ruin.
MÜLLER	Wieso denn dieses?
ALOIS	Passen Sie mal auf! *(demonstriert das Folgende mit den Händen)* Da ist die Tüte von Anni mit 1,5 – da ist meine Tüte mit 0,7. Ich nun meine in den Akt von Anni ... Akt nicht wie Foto, nich' so was, nein ... Akt wie amtlich. Und ihre Tüte mit 1,5 – ja, in meine Aktentasche. Haben Sie das kapiert?
MÜLLER	Das war doch eine prima Idee.
ALOIS	Dachte ich auch. Bloß, daß ich Dussel, als ich nach Dienstschluß dalli-dalli weg zu Anni wollte, meine Dienstmütze und Aktentasche vergessen hatte. Kollege, der mich ablöst, will Mütze verstauen, damit sie nicht wegkommt. Und wie er sie in meine Tasche tun will, sieht er ... nanu, denkt er, was ist denn das? Kriegt doch die falsche Tüte raus. In dem Moment kommt das Rindvieh von Doktor dazu und erzählt ihm von meinem Test. Die Kerle kombinieren – na, und was dann los war, können Sie sich ausmalen!
ELLI HERZ	*(kommt hinter der Theke vor und tritt im folgenden hinter Wackernagel)* Ach, Herr Wackernagel, Sie dürfen das nicht so tragisch nehmen.
MÜLLER	Ist ja schließlich nur ein Kavaliersdelikt.
ALOIS	Hat' sich was! Hab doch im Protokoll 0,7 angegeben. Versuchte Urkundenfälschung.

MÜLLER	Und da rechnen Sie mit einer Strafe?
ALOIS	Mindestens ein Riese! Und wo soll ich tausend Eier hernehmen?
ELLI HERZ	Sie haben Freunde, Herr Wackernagel.
ALOIS	Ersatzweise hundert Tage Bau. Anschließend Disziplinarverfahren und dann: abtrimo! „Unwürdig, Gesetzeshüter zu sein!"
MÜLLER	Und alles wegen Ihrer Braut.
ALOIS	Hat sich ausgebrautet.
ELLI HERZ	*(spontan)* Ja?!
MÜLLER	Auch das noch!
ALOIS	Ein Unglück hat immer einen Zwillingsbruder.
ELLI HERZ	*(sichtlich interessiert)* Wie sind Sie denn von der losgekommen, Herr Wackernagel? Erzählen Sie doch mal!
ALOIS	Als ich zu Anni kam, hatte sie Besuch; so'n Boß mit Glatze, aber offensichtlich betucht.
ELLI	Und der war nicht zum ersten Mal bei ihr. Hätt' ich Ihnen schon längst sagen können, Herr Wackernagel, aber man will sich ja nicht in fremder Leute Angelegenheiten mischen.
ALOIS	Und am nächsten Morgen, als sie von dem Kladderadatsch erfuhr, daß alles geplatzt war, da wollte sie plötzlich nichts mehr von mir wissen. Soll ihr nie wieder unter die Augen treten, hat sie gesagt.
MÜLLER	Ist es die Möglichkeit? Jaja, Undank ist der Welt Lohn.
ELLI	Mich überrascht das nicht. Von der hab' ich nichts anderes erwartet.

ZEITUNGSVERKÄUFER	*(betritt ausrufend das Lokal)* Abendecho! Neuste Ausgabe! Der Pechvogel des Jahres! Polizist verliert Posten und Braut.
MÜLLER	Geben Sie mal her. *(kauft eine Zeitung, schlägt sie auf)* Ja, ja hier steht's *(liest bruchstückhaft)* … ging zum Polizeiarzt und sagte: Ich habe ein paar zur Brust genommen, bitte machen Sie eine Blutprobe. Ich möchte mal wissen, wieviel man trinken darf, wenn man so am Steuer sitzt.
ALOIS	Stimmt haargenau.
ZEITUNGSVERKÄUFER	*(geht ab)*
MÜLLER	*(weiterlesend)* … vertauschte die Tüten … vergaß Aktentasche und Dienstmütze … *(liest stumm weiter, fängt plötzlich schallend zu lachen an.)*
ELLI	*(empört)* Was gibt's denn da zu Lachen, Herr Müller?!
MÜLLER	*(unter Lachstößen)* Da … lesen Sie doch selbst.
ELLI	*(nimmt die Zeitung)* Blutprobe der Anni Söhring … irrtümlich … spätere Untersuchung … hat ergeben … unter der Grenze … wäre nie bestraft worden … hätte sogar Führerschein behalten. *(zu Herrn Müller, der an einem Lachanfall fast erstickt)* Wenn Sie weiterlachen wollen, Herr Müller, dann bitte draußen! Aber nicht in meinem Lokal!
MÜLLER	Aber Frau Herz, ich … *(muß weiterlachen)*
ELLI	Verlassen Sie auf der Stelle mein Lokal! Ihre Zeche brauchen Sie nicht zu bezahlen, aber in der „Gelben Eule" sind Sie Gast gewesen! Ein für allemal.
MÜLLER	Aber …
ELLI	*(setzt ihn mit Gewalt vor die Tür)* Raus mit Ihnen! Raus, Sie Unmensch! Raus! *(kommt zurück und setzt sich zu Wackernagel)* Seien Sie froh, daß Sie diese Anni los sind. Sie war Ihrer nicht würdig.

ALOIS	Aber 'n bißchen lieb war sie schon.
ELLI	Mag ja sein. Aber geliebt hat sie Sie nicht.
ALOIS	Wer liebt mich schon?
ELLI	Ich.
ALOIS	Sie?
ELLI	*(nimmt seine Hände)* Sehen Sie mich mal an!
ALOIS	*(blickt ihr in die Augen)* Ja, ich weiß: Sie heißen nicht nur Herz, Sie haben auch eines, Elli.
ELLI	Wissen Sie noch, daß Sie mich mal gefragt haben, ob ich Ihre Frau werden will? Freilich waren Sie damals nicht mehr ganz nüchtern.
ALOIS	Und Sie haben mir ja auch einen Korb gegeben.
ELLI	Bloß, daß der nicht so gemeint war. Außerdem wollte ich keine Polizistenfrau werden. Inzwischen hab ich eine Erbschaft gemacht, will die „Gelbe Eule" verscheuern und mir in einer schönen Gegend ein Ausflugshotel kaufen. Und dazu brauche ich einen Mann.
ALOIS	Einen Pechvogel wie mich?
ELLI	Ein Mann, der wie Sie das für die Frau tut, die er liebt, ist nicht mit Gold aufzuwiegen.
ALOIS	Soll ich Ihnen was sagen, Elli?
ELLI	Ja?
ALOIS	Ich hab das mit Anni nur angefangen, weil Sie mich nicht mochten.
ELLI	Alois!

ALOIS	Elli! *(sie fallen sich in die Arme)*
ELLI	Weißt du, was du bist?
ALOIS	Ein Pechvogel.
ELLI	Nein, ein Glückspilz!

(Blackout)

Vom Regen in die Traufe

Personen: Kurt Willich
Gangster
Frau Willich

Requisiten: *Revolver, Regenschirm*

Szene: *Straße, nicht sehr hell; markierte Häuserecke; Andeutung eines Fensters.*
Ein Mann, Kurt Willich, mit hochgeschlagenem Mantelkragen kommt langsam auf die Bühne, bleibt stehen, wendet sich, zündet sich eine Zigarette an. Eine dunkle Gestalt, Mütze, Schal bis über die Nase, schleicht sich von hinten an ihn heran, zieht einen Revolver aus der Tasche und hält ihn Kurt Willich in den Rücken. Sie gehen im Zickzack über die Bühne. Bei den „Niesern" des Gangsters macht Willich Versuche, zu entwischen. Die diversen Spielmöglichkeiten sind im Text nur angedeutet.

GANGSTER   *(spricht heiser und mit blecherner Stimme, eiskalt)* Was Sie im Rücken fühlen, ist ein Revolver.

WILLICH   *(zuckt zusammen; nach einer Schrecksekunde)* Nein, haben Sie ein Pech, werter Räuber! Bei mir ist nichts zu holen. Ich habe ganze 3 Mark 70 im Portemonnaie. Die können Sie gerne haben. *(Will in die Tasche greifen)*

GANGSTER   Keine Bewegung!

WILLICH   Ich hab' kein Geld, Herr Räuber!

GANGSTER   Los!

WILLICH   Was?

GANGSTER   Vorwärts!

WILLICH   Wo wollen Sie mich denn hinbringen?

GANGSTER   Zum Boß.

WILLICH	Und wer ist der Herr Boß?
GANGSTER	Mußt nicht so neugierig sein.
WILLICH	Bin ich aber.
GANGSTER	Wird's bald! *(drückt den Revolver härter in Willichs Rücken)*
WILLICH	Nicht doch, ich bin so kitzlig.
GANGSTER	Los, oder es knallt!
WILLICH	Bitte nicht! Wo ich doch so lärmempfindlich bin.
GANGSTER	Ich zähle bis drei.
WILLICH	Wenn Sie bis drei zählen könnten, hätten Sie sich ein besseres Opfer ausgesucht.
GANGSTER	Schnauze! *(drückt fester)*
WILLICH	Oh, wie roh!
GANGSTER	*(muß niesen)*
WILLICH	Gesundheit, Herr Räuber!
GANGSTER	*(holt zu einem zweiten Nieser Luft)*
WILLICH	Haben Sie kein Taschentuch?
GANGSTER	*(muß noch einmal niesen)*
WILLICH	*(versucht zu entwischen)*
GANGSTER	*(hinter ihm her)*
WILLICH	Ich wollte Ihnen bloß meines...
GANGSTER	Schnauze! Los, Kerl, sonst...

WILLICH	Nicht so grob! Ich bin doch so sensibel.
GANGSTER	Schnauze!
WILLICH	Mich kann doch niemand kidnappen wollen? Ich hab' doch niemand etwas getan. Wer kann bloß so böse auf mich sein, daß er...
GANGSTER	Zitter endlich los, Mann!
WILLICH	Ich zittere ja schon. *(bleibt nach zwei Schritten stehen)* Moment! Vielleicht schickt Sie Alfred Meier? Wegen der fünfhundert Mark, die ich ihm immer noch nicht zurückgezahlt habe? Sagen Sie ihm, morgen hol' ich mir Vorschuß, dann kriegt er seine fünf Scheine.
GANGSTER	*(muß wieder niesen, Spiel wie vorher)*
WILLICH	Oder ist Ihr Auftraggeber vielleicht Herr Klinisch, weil er scharf auf meinen Posten ist? Sagen Sie ihm, ich wollte sowieso kündigen, weil ich die Schikaniererei vom Alten satt habe. Lieber geh' ich als Staubsauger-Vertreter, als...
GANGSTER	Quatsch nicht soviel, Mann!
WILLICH	*(bleibt wieder stehen)* Lagermeister Knollich kann es nicht sein, wegen seiner Tochter. Oder? Na ja, sie ist erst 17, aber wir haben doch bloß rumgeknutscht und so'n bißchen... da hat mein Auto schon ganz andere Sachen erlebt mit mir! Sagen Sie Herrn Knollich, von mir aus ist seine Tochter noch prima Jungfrau.
GANGSTER	Mann, bald habe ich die Nase voll! *(muß wieder niesen)*
WILLICH	Sehr richtig bemerkt, Herr Räuber! Ich von Ihrer Nieserei aber auch. *(will wieder entwischen, Gangster fängt ihn wieder ein)* Oder steckt Herr Schneckebiß dahinter? Weil ich mal mit seiner Frau... aber wir waren ja beide blau und außerdem... im letzten Fasching, längst verjährt. Beinah gar nicht mehr wahr.

GANGSTER	*(zwingt Willich mit dem Revolver, weiterzugehen)*
WILLICH	*(weicht aus und geht im Kreis herum, dabei)* Straffer! Jawohl, Straffer hat Sie auf mich gehetzt. Weil ich ihm Elfriede ausgespannt habe. Aber richten Sie meinem besten Freund aus, die wär' ihm sowieso durch die Lappen gegangen. Die ist ja nymphomanisch. Sie, Herr Räuber, wenn Sie mal keinen Schnupfen haben – also, bei der brauchten Sie keinen Revolver.
GANGSTER	Mann, gleich mach' ich dir Beine!
WILLICH	Ja? Welche, die ganz schnell laufen können? Das wär schön. Aber sehen Sie mal, dort *(deutet auf das Fenster)*, haben Sie gesehen, wie sich da die Gardine bewegt hat? Dort wohnt die liebe Elsa, für die bin ich Lohengrin, aber die läßt mich nicht wegschwimmen. Die hat mich sicher hier in meiner Not gesehen und bestimmt schon die Polizei angerufen.
GANGSTER	*(will „Quatsch nich" sagen, muß nach „qua" aber wieder niesen während des folgenden Fangspiels)*
WILLICH	Außerdem ist die liebe Elsa meine Stammfreundin und die beste Freundin meiner Frau. Lassen Sie mich los, Herr Räuber, sonst kriegen Sie's mit der zu tun. Möglicherweise ist die auch grad bei ihr, meine Frau meine ich, um die Zeit hocken die beiden ja oft zusammen.
GANGSTER	*(hat sich und Willich wieder gefangen)* Quatsch nicht soviel, sonst...
WILLICH	*(stehen bleibend)* Jetzt fällt der Groschen bei mir. Wally! Der ist so ein Streich zuzutrauen! Weil ich sie wegen Kitty habe sitzen lassen. Is' ja 'ne Wucht, die Wally, da beißt die Maus keinen Faden ab, aber eben zuviel Temperament! Und Kitty ist so sanft. Wie ein Reh, sag' ich Ihnen, Herr Räuber! Und ich steh' momentan auf sanft.
GANGSTER	Jetzt reißt mir der Geduldsfaden, Mann!

WILLICH	Mir auch, Herr Räuber. Nein, zu Kitty, der männermordenden Bestie, kriegen mich keine zehn Pferde zurück. Die macht einen fertig, sag' ich Ihnen ... *(wieder kurzes Katz- und Mausspiel zwischen den beiden)* Nein und dreimal nein! Knallen Sie mich lieber ab! Keinen Schritt gehe ich weiter, so wahr ich Kurt Willich heiße.
GANGSTER	Wer bist du?
WILLICH	Kurt Willich. Wollen Sie meine Kennkarte sehen? *(holt rasch seine Brieftasche heraus, was der Gangster nicht mehr verhindert)* Bitte, hier, sehen Sie. Kurt Willich, geboren ... am in ...
GANGSTER	Du bist also gar nicht Maxe Mulmich?
WILLICH	Nee, mir ist bloß mulmig, aber ich bin Willich.
GANGSTER	So ein Mist, verdammter! Hätt' ich bald den Falschen abgeschleppt! *(mit rascher Wendung ab)*
WILLICH	*(atmet auf)* Gerettet!
FRAU WILLICH	*(tritt von der anderen Seite auf, gedehnt und höhnisch)* Soho?
WILLICH	*(zuckt zusammen, dreht sich um, erstarrt)*
FRAU WILLICH	*(mit dem Regenschirm drohend auf ihn zu)* Ich hab' alles gehört, Wort für Wort ...
WILLICH	*(schlotternd vor Angst)*
FRAU WILLICH	Und nun laß' ich mich von dir scheiden, du räudiger Casanova, du! *(ist jetzt dicht vor ihm, während sie zum Schlag ausholt)* Von mir aus hätte der Kerl dich vor meinen Augen abknallen können, du schäbiger Sexknilch, du!
WILLICH	*(dreht sich blitzartig um und reißt aus)*
FRAU WILLICH	*(hinter ihm her, auf ihn einschlagend)* Jetzt kriegst du dein Fett. *(durch eine Wendung entwischt er ihr noch einmal, Verfol-*

gung über die Bühne, mit Schlägen, die, vorher auf Band oder Cassette aufgenommen, jetzt verstärkt über Lautsprecher ausgespielt werden, dazu im Takt) Schuft! Schurke! Schubiak!

1. Variation:

Sollte Ihnen der Schluß nicht zusagen, können Sie auch eine andere Variation spielen. Während beim Schluß der ersten Fassung Frau Willich eher klein ist (Typ Inge Meisel), ist sie nun eine stattliche Dame, ihrem Mann an Größe und Gewicht überlegen. Während er noch aufatmet, schleicht sie sich auf leisen Sohlen hinter ihn. Willich dreht sich um, fröhlich pfeifend, und erblickt sie. Er starrt sie entgeistert an.

FRAU WILLICH · So, bist du das, Kurt Willich?

WILLICH · *(stammelnd)* A-anna ...

FRAU WILLICH · Allerdings. Anna Willich, deine dir gesetzlich angetraute Ehegattin. *(wenn sie näher an ihn herangeht und er zurückweicht, hat das, wenn es im gleichen Schritt geschieht, eine komische Wirkung)* Und was hast du eben dem Onkel erzählt? *(sie bedrängt ihn immer mehr, bis er in die Knie geht)* Von Lieschen Knollich, von Marta Schneckenbiß, von Elfriede, von Wally und Kitty und unserer lieben Freundin Elsa?

WILLICH · *(fällt lang hin und streckt alle viere von sich)*

FRAU WILLICH · *(sieht verächtlich auf ihn herab)* Du Knilch!

2. Variation:

Frau Willich tritt, nach seinem „Gerettet" auf, bleibt aber vorn an der Rampe, als drohender Drache, stehen. Willich, eine fröhliche Melodie pfeifend, will tänzelnd abgehen, da erblickt er sie. Die Melodie erstirbt auf seinen Lippen, er bleibt erschrocken stehen, seine Beine schlottern sichtbar. Sie lächelt ihn an, und er ruft:

WILLICH · Hilfe! Meine Frau! *(will ausreißen)*

FRAU WILLICH	*(hält ihn mit dem scharfen Ruf zurück)* Kurt!
WILLICH	*(bleibt stehen, wie von einem Pistolenschuß getroffen, dreht sich langsam zu ihr um)*
FRAU WILLICH	*(katzenfreundlich)* Komm, Kurtchen, komm. Jetzt gehst du mit deinem lieben Frauchen nach Hause und erzählst ihr noch mehr von den interessanten Dingen, die sie eben gehört hat. *(Während sie ihn abführt, jetzt mit Stentorstimme)* Und dann kannst du was erleben!

(Blackout)

Oder fällt Ihnen ein zündenderer Schluß ein?

Können Wanzen lügen?

Personen:	Sie, Irmi Er, Otto Eine Katze
Requisiten:	Minikassettenrekorder, Telefon
Szene:	Wohnzimmer, in der Mitte ein Sofa, davor ein kleiner Tisch, dahinter eine Palme in einem Kübel.

OTTO *(tritt mit grimmigem Gesicht auf, stellt den Kassettenrekorder auf den Tisch und ruft in strengem Ton)* Irmi!

IRMI *(ihre Stimme aus der Küche)* Ja, Otto, bist du schon da? Das Abendbrot ist gleich fertig.

OTTO Danke, mir ist der Appetit vergangen. Komm sofort her! *(sieht mit bösem Blick zur Tür)* Irmi!! *(wartet, ballt die Fäuste)* Na, wird's endlich?

IRMI *(tritt in Küchenschürze auf und sieht ihren Mann erstaunt an)* Wo brennt's denn?

OTTO Das wirst du gleich sehen ... das heißt hören.

IRMI Was hast du denn?

OTTO *(mit dem Arm zum Sofa)* Setz dich!

IRMI *(setzt sich kopfschüttelnd hin)* Wie du aussiehst, Otto! Ist was passiert?

OTTO Das kann man wohl sagen.

IRMI Aber was denn, um Gottes willen?

OTTO *(schaltet das Gerät ein)* Hör dir das an!
(der folgende Text wird durch das Mienenspiel der beiden entsprechend illustriert)

IRMIS STIMME AUS DEM GERÄT	*(erst etwas leiser, dennoch verständlich, wie aus der Ferne, dann näherkommend)* Da bist du ja endlich, mein Liebling! Nur herein! Keine Angst! Otto ist weg. Sobald mein Gatterich aus dem Hause ist, herrscht bei mir offene Tür für dich. Du ahnst ja nicht, wie froh ich bin, wenn du bei mir bist. *(Stimme jetzt laut und deutlich)* So, und nun wollen wir's uns auf dem Sofa gemütlich machen. *(Geräusch)* Ja, ja, ich weiß schon, was du willst ... aber ich bin ja nicht so ... ja, so ist's richtig ... ah, das tut gut ... na, komm, gib mir schon ein Bussi! *(Geräusch)* Nicht doch, du tust mir weh! Bist du verrückt geworden? Nicht doch mit der Zunge ... was fällt dir ein? Ja, so ... *(erst leises, dann immer stärker werdendes Lachen)* Ach, das tut gut, was? Ach, du mein Herzenstrost, solange Otto nichts merkt, kannst du das jeden Nachmittag von mir haben ...
OTTO	*(schaltet ab, sieht mit bösem Blick auf Irmi, die die Zerknirschte spielt: längeres Schweigen)* Wagst du, zu leugnen?
IRMI	Was?
OTTO	Das fragst du noch? War das etwa nicht deine Stimme?
IRMI	Sie ist es.
OTTO	Und? Was hast du dazu zu sagen?
IRMI	Was soll ich sagen?
OTTO	Wer ist der Schuft, will ich wissen?
IRMI	Welcher Schuft?
OTTO	Mit dem du mich betrügst.
IRMI	Ich ... ich ...
OTTO	*(sie unterbrechend)* Versuche nicht, dich herauszureden! Die Situation ist doch eindeutig. Ich möchte nur wissen, was du dazu zu sagen hast!

IRMI	Daß du ein Schuft bist!
OTTO	Ich?
IRMI	Ja, du! Mich zu bespitzeln! Schäm dich!
OTTO	Das wird ja immer schöner! Meine Frau betrügt mich, und ich soll mich schämen? Oder hast du mich etwa nicht betrogen?
IRMI	Wenn man es ganz genau nimmt, ein bißchen schon…
OTTO	*(empört ihre Stimme vom Band nachahmend)* Nicht so wild! Mein Herzenstrost! Solange Otto nichts merkt! Wenn das kein Scheidungsgrund ist! Wenn ich das Band vor Gericht vorführe…
IRMI	*(ihn unterbrechend)* Tonbänder gelten nicht als Beweismittel, Otto. Weißt du das nicht?
OTTO	Mir genügt es! Mir reicht es sogar! Zum letzten Mal: Wer war es? Karl oder Erich?
IRMI	Wenn du es genau wissen willst, keiner von beiden.
OTTO	Wird ja immer schöner! Ein Wildfremder also?
IRMI	Das möchte ich nicht sagen.
OTTO	Ich kenne ihn also?
IRMI	*(zögernd)* Ja… schon. Aber ihr steht auf Kriegsfuß miteinander. Er hat Angst vor dir.
OTTO	Er hat auch Grund dazu! Und wird noch mehr Angst vor mir kriegen, wenn ich erst… also, raus mit der Sprache: Wer ist der Kerl? Wo steckt er? Ich bringe ihn um.
IRMI	Das fehlte noch! Aber wenn du mir versprichst, ihm nichts zu tun, dann… hol' ich ihn.

OTTO	Woher?
IRMI	*(steht auf und geht mit den folgenden Worten hinaus)* Aus meinem Bett. Da hab' ich ihn nämlich vor dir versteckt. *(ab)*
OTTO	*(springt auf und rennt im Zimmer hin und her, die Hände an die Schläfen pochend)* Ich werde wahnsinnig ... ich werde wahnsinnig ... ich werde wahnsinnig ...
IRMI	*(kommt, einen Kater auf dem Arm, zurück)* Darf ich vorstellen: mein nachmittäglicher Liebhaber. Der immer vor dir wegläuft.
OTTO	*(verdattert)* Der Kater unseres Nachbarn!
IRMI	Und willst du wissen, wie er heißt?
OTTO	Nein.
IRMI	Casanova!
OTTO	*(sinkt in seinem Sessel zusammen, steht wieder auf)*
IRMI	*(setzt sich mit dem Kater, den sie streichelt, auf das Sofa)* Ach, spiel doch bitte das Band noch einmal ab, Otto!
OTTO	*(während er das Band zurückspulen läßt)* Kannst du mir noch einmal verzeihen, Irmi?
IRMI	Unter einer Bedingung. Daß du nie mehr eifersüchtig bist.
OTTO	Ich schwöre es.
IRMI	Mich nie mehr verdächtigst! *(mit dem rechten Zeigefinger auf das Gerät weisend)* Und nun zur Strafe!
OTTO	*(läßt das Band ablaufen. Bei einem geduldigen Kater illustriert Irmi den Text durch möglichst synchrones Spiel mit ihm. Sonst schmust sie mit ihm und sieht zwischendurch triumphierend auf ihren Mann, der immer mehr in sich zusammensinkt.)*

OTTO	*(schaltet ab.)* Nein, ich will das nicht mehr hören! Wie konnte ich dir so Unrecht tun!
IRMI	*(während sie den Kater hinausbringt)* Wenn du das nur einsiehst! Ich bin ja nicht unversöhnlich, Otto. – So, Casanova, mein kleiner Liebling, nun troll dich, und morgen Nachmittag darfst du wieder zu mir kommen. *(Geht zu Otto und legt ihm die Arme von hinten um die Schulter)* Na, wie willst du das wieder gutmachen?
OTTO	*(windet sich komisch, so daß sie sich einen Kuß geben können)* So! *(dann löst er sich und steht wie ein Held vor ihr)* Und indem ich dir beweise, daß ich dir voll und ganz vertraue.
IRMI	Und wie willst du das anstellen?
OTTO	Ich gehe jetzt sofort zu meinem Kegelabend.
IRMI	Aber Otto!
OTTO	Ja, und unser Vorstand hat Geburtstag – es wird also etwas länger dauern.
IRMI	Und ohne Abendbrot?
OTTO	Der Vorstand hat Spanferkel spendiert.
IRMI	Na, dann guten Appetit und viel Vergnügen!
OTTO	*(sie umarmend)* Leb wohl, Irmi. Wenn ich heimkomme, feiern wir ganz groß Versöhnung.
IRMI	Wenn du nicht zu blau bist! *(Sie begleitet ihn hinaus, kommt zurück, läßt die Tür offen, geht zum Telefon und wählt)* Hier Irmi, Karli, bist du's? Du, ich muß dir was Tolles erzählen. Otto hatte in der Palme hinterm Sofa ein Mikrofon installiert. Zum Glück hab' ich's entdeckt … und dann eine Schau abgezogen … und er ist prompt darauf reingefallen … Komm doch rüber, dann kann ich dir das Band vorspielen … Es ist noch nicht gelöscht. – Ja, du kannst ganz beruhigt kommen. Otto ist zum Kegeln.

OTTO (*erscheint in der Tür und steht dort wie der Komtur in „Don Juan"*)

IRMI Ja, zum Kegeln, ist das nicht zum Piepen? Bis Mitternacht kommt der bestimmt nicht zurück. (*Mit den nächsten Worten dreht sie sich um und erblickt Otto*) Bis dahin können wir ... (*sie erstarrt zur Salzsäule, der Hörer fällt aus ihrer Hand*)

(Blackout)

Pipapola oder das Wundermittel

Personen:	Frau Meier Frau Schulze
Requisiten:	Ein mittelgroßer Karton (vielleicht ein mit Buntpapier beklebter Schuhkarton), darauf groß die Buchstaben „Pipapola" erkennbar. Zwei Drittel des Kartons sind mit Papier gefüllt, obenauf liegt eine Schicht Haferflocken, die mit Himbeer- oder Erdbeersirup rötlich gefärbt wurde. Eine Medizinflasche mit roter Flüssigkeit und einem Aufkleber „Pipapola", ein Suppenlöffel, Rundfunkgerät (sichtbar), Tonbandgerät oder Kassettenrekorder (unsichtbar)
Szene:	Wohnzimmer, Küche, irgendeine bürgerliche Behausung. An der Rückwand hängt, statt eines Bildes, ein Plakat mit einem Doppelporträt von Frau Meier, einmal verhärmt und gekrümmt am Krückstock, daneben oder darunter in gelöster Ballettpose. Da vergrößerte Fotos zu teuer sind, begnügen wir uns mit gezeichneten oder gemalten Karikaturen und pinseln den Reklametext um die Bilder. Licht an, die Szene ist leer.
FRAU MEIER	*(hinter der Szene)* Kommen Sie doch herein, Frau Schulze. *(die beiden Damen, Frau Meier und Frau Schulze, betreten die Bühne)*
FRAU SCHULZE	Entschuldigen Sie, wenn ich störe.
FRAU MEIER	Aber Sie stören kein bißchen, Frau Schulze.
FRAU SCHULZE	Ich wollte Ihnen ja auch nur gratulieren, weil Sie jetzt so berühmt geworden sind. *(vor das Plakat tretend)* Prima getroffen hat Sie der Fotograf! Hat Ihnen also tatsächlich Pipapola so geholfen?
FRAU MEIER	Und wie! Das sehen Sie doch.

FRAU SCHULZE	Ist das mit der Reklame also kein Schwindel?
FRAU MEIER	Kein bißchen! Soll ich's Ihnen beweisen?
FRAU SCHULZE	Wie denn?
FRAU MEIER	Das werden Sie gleich erleben. *(stellt das Rundfunkgerät ein, von Tonband oder Kassette ertönt Tanzmusik über Lautsprecher; sie umfaßt Frau Schulze und tanzt mit ihr)* Sehen Sie, ich kann tanzen wie ein junges Mädchen.
FRAU SCHULZE	*(japst)* Hören Sie auf! Ich kann nicht mehr.
FRAU MEIER	*(läßt Frau Schulze los, die sich setzen muß; stellt das Rundfunkgerät ab)* Und wissen Sie noch, wie ich vor drei Wochen herumgekrochen bin?
FRAU SCHULZE	Sie kamen ja kaum noch die Treppe hoch.
FRAU MEIER	Und erst die Schmerzen! Nein, dieses Rheuma! Jahrelang habe ich damit herumgedoktert. Kein Arzt und kein Heilpraktiker konnte mir helfen. Und was hab ich nicht alles für Zeug ausprobiert?! Pflanzen, Bouillons, Tees, Pulver, Pillen und Fläschchen, geholfen hat nischt!
FRAU SCHULZE	Bis auf Pipapola!
FRAU MEIER	Bis auf Pipapola!
FRAU SCHULZE	Und wie schnell hat das gewirkt? Erzählen Sie doch mal.
FRAU MEIER	Ja, also – ich hab das Zeug bestellt und da kam so'n Karton an; und auf der Gebrauchsanweisung stand: dreimal täglich einen Löffel voll.
FRAU SCHULZE	Einen Kaffeelöffel?
FRAU MEIER	Nee, ich hab einen Suppenlöffel genommen.
FRAU SCHULZE	Und dann fühlten Sie, wie es besser wurde?

FRAU MEIER	Nee, in den ersten Tagen habe ich überhaupt nichts gemerkt. Aber nach einer Woche war mein Rheuma plötzlich wie weggeblasen.
FRAU SCHULZE	Ist nicht möglich?!
FRAU MEIER	Doch! Vor Freude hab' ich einen Luftsprung gemacht und der Firma sofort ein Dankschreiben geschickt.
FRAU SCHULZE	Und Ihre Bilder?
FRAU MEIER	Ja, die haben mir einen Fotografen geschickt …
FRAU SCHULZE	Und nun sind Sie in der ganzen Stadt bekanntgeworden. Aber was haben Sie denn für die Reklame bekommen?
FRAU MEIER	Ein Dutzend Kartons Pipapola. Wollen Sie einen haben?
FRAU SCHULZE	Sehr gern, Frau Meier. Ich brauch's ja nicht für mich, aber Opa hat es doch so im Kreuz.
FRAU MEIER	*(holt einen Karton aus dem Schrank und stellt ihn vor Frau Schulze hin)* Hier, sehen Sie, das ist das Wundermittel. Einen neuen hol' ich Ihnen gleich. Das ist der, mit dem ich mich kuriert habe.
FRAU SCHULZE	Schmeckt's denn gut, Frau Meier?
FRAU MEIER	Nee. Nach gar nichts. Aber ich hab' schon Schlimmeres geschluckt. Probieren Sie doch mal! Bißchen holzig, aber man kriegt es runter.
FRAU SCHULZE	Ja, neugierig wär' ich schon. Und schaden kann's ja nichts.
FRAU MEIER	Hab' ich mir auch gedacht, und hab's bis gestern noch genommen, aber bloß noch einen Löffel täglich.
FRAU SCHULZE	*(nimmt einen Löffel voll aus der Kiste, probiert – und macht ein komisches Gesicht)* Na, hören Sie mal, Frau Meier, das schmeckt aber komisch. Hm … wie Holz.

FRAU MEIER	Sag' ich Ihnen doch.
FRAU SCHULZE	*(stochert mit dem Löffel noch einmal in der Kiste herum und stößt auf etwas Hartes)* Nanu, was ist denn das?
FRAU MEIER	Sind Sie vielleicht mit dem Löffel auf den Boden gestoßen?
FRAU SCHULZE	Nee. *(langt mit der Hand hinein und holt ein kleines Fläschchen mit roter Flüssigkeit heraus)* Was ist denn das?
FRAU MEIER	*(tritt hinzu, beide Frauen starren auf das Fläschchen, sehen sich erstaunt an)*
FRAU SCHULZE	*(liest leise)* Pipapola ... Ich werd' verrückt. Frau Meier, das ist doch erst das Mittel!
FRAU MEIER	Ich werd' verrückt! Hab' ich dumme Kuh doch die gefärbten Sägespäne gefressen!

(Blackout)

(Dieser Sketch gewinnt an Reiz, wenn man ihn in die heimatliche Mundart übersetzt.)

Der Schmuck der Soraya

Personen: Juwelier
1. Kunde (Generaldirektor)
2. Kunde
Kundin (Baronin)
Kommissar

Requisiten: *Ein Schmuckstück (Brillantkollier, Perlenkette oder was zur Verfügung steht), protzige Aktentasche (imitiertes Krokodilleder oder etwas in der Art), Revolver, zangenartiges Werkzeug*

Szene: *Die Bühne ist geteilt. Zwei Drittel links zeigen eine intime Kundenecke eines Juweliergeschäfts mit einem kleinen Sesselarrangement und einem Tischchen. Im Hintergrund ist die Ladentür gedacht, die man durch einen Vorhang kaschieren kann. Das rechte Drittel der Bühne stellt eine Hausecke dar. Falls eine annähernd realistische Dekoration nicht möglich ist, genügen zwei Schilder. „Juwelier Fallnichtrein" und „Ganovengasse" wären zu verräterisch, wählen wir lieber unverfängliche, am besten veränderte Namen des Spielortes, vielleicht „Juwelier Haberding" und „Ringstraße".*
Im Juweliergeschäft ist Licht an, die Straßenecke rechts ist dunkel.

JUWELIER *(gibt dem 1. Kunden das Schmuckstück in die Hand)*

1. KUNDE *(bewundert es)* Wunderbar! Dieser Glanz, dieses Feuer! Ja, das sind Diamanten reinsten Wassers! *(bei Perlen oder anderem Schmuck entsprechende Lobesäußerungen, desgleichen Textänderungen im folgenden)* Und Sie behaupten, der Schah hätte den Schmuck der Soraya geschenkt?

JUWELIER Ja, aber die Prinzessin verkaufte ihn.

1. KUNDE Hatte sie das nötig?

JUWELIER Nicht direkt. Sie kaufte sich eine Villa in St. Moritz dafür.

1. KUNDE Nur für diese drei Diamanten?

JUWELIER	Nein, der Schmuck bestand ursprünglich aus dreihundert Diamanten, aber wer kauft schon Schmuck für drei Millionen? Juweliere in Amsterdam haben hundert Stück wie dieses daraus gemacht.
1. KUNDE	Aha! Ich verstehe. Und was soll das Stück nun kosten?
JUWELIER	Mein Herr, Sie haben Glück! Es ist eine einmalige Gelegenheit, ich kann es Ihnen zum halben Preis anbieten.
1. KUNDE	Und der wäre?
JUWELIER	Fünfzehntausend.
1. KUNDE	Immer noch eine stolze Summe! Für zwölf geht's nicht?
JUWELIER	Ausgeschlossen! Ich verdiene so schon kaum etwas dabei. Es ist eine reine Gefälligkeit für eine verarmte Baronin. Sie verstehen... ein Notverkauf. Darum bekommen Sie den Schmuck so billig... Geradezu geschenkt.
1. KUNDE	*(mit einem maliziösen Lächeln)* Ja, ja, geschenkt! *(reicht den Schmuck dem Juwelier zurück)* Also gut! Für meine Freundin ist mir nichts zu teuer. Ein tolles Weib, sage ich Ihnen. Die wird Augen machen, wenn ich es ihr diskret unter der Serviette zuschieben werde, im Hotel Adlon *(oder Name eines Hotels am Platz des Spielortes)*, und zwar *(sieht auf die Uhr)* in einer Viertelstunde! Bitte beeilen Sie sich, meine Freundin haßt es, wenn ich nicht pünktlich bin.
JUWELIER	Sehr wohl, mein Herr. *(während der Juwelier den Schmuck einpackt, sucht der Kunde, nervöser werdend, nach seiner Brieftasche, sieht auch in seiner Aktentasche nach. Gleichzeitig betritt der 2. Kunde das Geschäft.)*
1. KUNDE	Zu dumm! Ich muß meine Scheckkarte in einem anderen Anzug gelassen haben. Das kommt davon, wenn man zuviel Garderobe hat.
JUWELIER	*(mißtrauisch)* Ja, dann...

1. KUNDE	*(schnell)* Aber das macht gar nichts! Ich lasse Ihnen als Pfand meine Tasche hier... sehen Sie, Aktien! Zehnmal soviel wert wie Ihr lächerlicher Schmuck. Da können Sie ganz beruhigt sein.
2. KUNDE	*(der jetzt erst den 1. Kunden wahrnimmt)* Guten Tag, Herr Generaldirektor!
1. KUNDE	*(über die Schulter, den 2. Kunden kaum bemerkend)* Guten Tag. *(er dreht sich dann zum 2. Kunden um und sagt etwas freundlicher)* Sie kennen mich?
2. KUNDE	Aber sicher doch, Herr Generaldirektor von Bredersdorf. Wir hatten vorige Woche das Vergnügen...
1. KUNDE	*(fällt ihm ins Wort)* Ach, richtig, Sie sind äh... der Prokurist von Amsink & Co. Sie waren bei dem Abschluß über die Lieferung nach Uganda dabei, stimmt's?
2. KUNDE	Bei dem Ihre Firma einen ganz schönen Schnitt gemacht hat, mein Lieber! *(lässig zum Juwelier)* Na, sind Sie fertig? Sie wissen, ich hab's eilig.
JUWELIER	*(immer noch mißtrauisch, hält den eingepackten Schmuck fest in der Hand)*
1. KUNDE	*(in seiner Aktentasche kramend)* Ich muß doch mal sehen, vielleicht habe ich die verdammte Karte doch... *(unterdessen der Juwelier den 2. Kunden beiseite winkend)*
JUWELIER	*(leise)* Äh, Sie kennen den Herrn?
2. KUNDE	Ja, aber sicher! Ein ganz großes Tier, vielfacher Millionär.
1. KUNDE	*(dem Juwelier die Aktentasche gebend)* Hier! Ich vertraue Ihnen ein Vermögen an! Wenn ich auf dem Weg zum Hotel überfahren werde, haben Sie das Geschäft Ihres Lebens gemacht, mein Lieber!
JUWELIER	Ich werde die Tasche hüten wie meinen Augapfel, Herr Generaldirektor. *(übergibt den Schmuck und dienert)*

1. KUNDE	Selbstverständlich schicke ich Ihnen vom Hotel sofort einen Scheck, oder wollen Sie's lieber bar?
JUWELIER	Ganz nach Belieben, Herr Generaldirektor.
1. KUNDE	*(zum 2. Kunden)* Auf Wiedersehen, Herr... wie war doch Ihr Name?
2. KUNDE	Kramer, Herr Generaldirektor.
1. KUNDE	Also, leben Sie wohl! Grüßen Sie Herrn Direktor Mümmeleisen!
2. KUNDE	Mit größtem Vergnügen, Herr Generaldirektor.
1. KUNDE	*(im Hinausgehen)* Rufen Sie mich doch im Adlon an! Bin heute abend frei. Wie wär's mit einem kleinen Whisky an der Bar?
2. KUNDE	Sehr liebenswürdig, Herr Generaldirektor.
JUWELIER	*(den 1. Kunden zur Tür geleitend)* Vielen Dank, Herr Generaldirektor, und beehren Sie mich bald wieder, Herr Generaldirektor!
1. KUNDE	*(im Hinausgehen)* Das dürfte sich leider kaum verwirklichen lassen. Muß morgen nach Afrika fliegen, übermorgen nach Australien, und weiß der Teufel, wo ich sonst noch landen werde. *(geht ab)*
2. KUNDE	*(verbeißt sich bei dem letzten Satz des 1. Kunden ein Lachen)*
JUWELIER	*(wendet sich zum 2. Kunden)* Und womit darf ich Ihnen dienen, mein Herr?
2. KUNDE	Ach, ich wollte eigentlich nur fragen, wo der nächste Taxenstand ist.
JUWELIER	Wie? Ach so... gleich um die Ecke links, können Sie gar nicht verfehlen.

2. KUNDE	Oh, vielen Dank. *(geht ab, stößt in der Tür mit einem anderen Herrn zusammen, der – wenn es nicht möglich ist, den Darsteller einem bekannten Fernsehkommissar ähnlich sehen zu lassen – dem Klischee vom deutschen Kriminalkommissar entsprechen sollte. Der 2. Kunde verbirgt sein Gesicht und eilt weg)*
KOMMISSAR	*(zeigt dem Juwelier eine Marke)* Kommissar Ode, Kriminalpolizei. War eben ein Herr hier? *(beschreibt das Aussehen des 1. Kunden)*
JUWELIER	E-e-eben ging er zur Türe hinaus.
KOMMISSAR	Verdammt! Ist mir der Bursche wieder entwischt! Aber ich bin ihm jetzt dicht auf der Spur.
JUWELIER	Ist etwas mit dem Herrn nicht in Ordnung?
KOMMISSAR	Etwas? Gar nichts ist bei dem in Ordnung! Ein ausgekochter Hochstapler! Hoffentlich hat er bei Ihnen noch kein Unheil angerichtet?
JUWELIER	Fünfzehntausend!
KOMMISSAR	Was?
JUWELIER	Um fünfzehntausend Mark hat er mich geprellt! Er hat den Schmuck der Soraya mitgenommen! Aber irren Sie sich auch nicht, Herr Kommissar? Der Herr Generaldirektor wollte mir einen Scheck aus dem Hotel Adlon schicken! Und der andere Herr kannte ihn doch, sogar mit Namen. Von Bredersdorf oder so ähnlich hieß er.
KOMMISSAR	Mann, der hat hundert Namen!
JUWELIER	Aber er hat mir doch seine Aktentasche hiergelassen! *(die Tasche hervorhebend)* Sehen Sie! Hier! Mit Aktien, die zehnmal mehr wert sind als mein Schmuck.
KOMMISSAR	Zeigen Sie mal her!
JUWELIER	*(gibt ihm die Tasche)*

KOMMISSAR	*(öffnet sie und holt Papiere heraus)* Haben Sie sich die Dinger angesehen?
JUWELIER	Näher noch nicht.
KOMMISSAR	Plumpe Fälschungen! Keinen Heller wert! Also ... die Tasche muß ich beschlagnahmen, als Beweismaterial. *(er hat es plötzlich sehr eilig)* Da muß ich mich aber sputen, damit ich den Burschen endlich in die Finger kriege. Und darauf können Sie sich verlassen: Es kann sich nur um Minuten handeln, dann seh' ich dem Kerl in die Pupille. *(im Hinausgehen)* Sie hören noch von der Sache! Tschüs! *(ab)*
JUWELIER	*(sich auf einen Stuhl setzend, verzweifelt)* Fünfzehntausend! Was mach' ich nun mit der Baronin? Fünfzehntausend... *(Blackout im Juwelierladen, Licht an auf der rechten Seite, halbdunkel, dennoch Personen und Gegenstände erkennbar)*
1. KUNDE	*(hat den Schmuck ausgepackt und besieht ihn sich triumphierend. Er erschrickt und steckt ihn weg, als er Schritte hört)*
2. KUNDE	*(herankommend)* Na, das ging ja wie am Schnürchen.
1. KUNDE	Kunststück! Bei meinem Auftreten! Aber du warst auch nicht schlecht!
2. KUNDE	Zeig mal her!
1. KUNDE	*(holt den Schmuck aus der Tasche; beide besehen ihn sich)*
STIMME	*(im Hintergrund)* Hände hoch!
1., 2. KUNDE	*(fahren erschrocken zusammen)*
KOMMISSAR	*(einen Revolver in der Hand, kommt näher)* Keine Bewegung! Und die Hände hoch, habe ich gesagt!
1., 2. KUNDE	*(folgen zögernd dem Befehl, der 1. Kunde mit dem Schmuck in der Hand)*

KOMMISSAR	*(den Revolver wegsteckend und sich den Schmuck schnappend)* Na, ihr seid mir ja schöne Gauner! Laßt euch so leicht ins Bockshorn jagen.
1., 2. KUNDE	*(erleichtert, gleichzeitig)* Ach, du bist's, Karle?
2. KUNDE	Uns so einen Schrecken einzujagen!
KOMMISSAR	Dachtet ihr, ich sei der Weihnachtsmann?
1. KUNDE	Nee, beschert haben wir uns ja schon selbst.
KOMMISSAR	*(ein Werkzeug aus der Tasche nehmend)* Quatsch nicht so lange! Für jeden ein so'n Glitzerding...
2. KUNDE	Bist du verrückt, doch nicht hier auf offener Straße teilen!
KOMMISSAR	Dann aber auf meiner Bude! Euch Brüdern trau' ich doch nicht übern Weg!
2. KUNDE	Hauen wir bloß ab! Wenn uns der Juwelier echte Bullen auf den Hals hetzt...
1. KUNDE	Ich gäb' was drum, wenn ich jetzt dem sein Gesicht sehen könnte! *(Blackout auf der Straßenseite, hell im Juwelierladen)*
JUWELIER	*(sitzt, vor sich hin starrend, wie gelähmt auf seinem Stuhl; eine Dame betritt das Geschäft; er zuckt zusammen, als sie ihn anspricht)*
DAME	Verzeihung, ich hatte Ihnen doch den Schmuck der Soraya hiergelassen. Sie haben ihn doch hoffentlich noch nicht verkauft?
JUWELIER	*(stammelt Unverständliches)*
DAME	Ich möchte Sie nämlich bitten, ihn mir zurückzugeben.
JUWELIER	*(nach Worten ringend)* Ach, Frau Baronin, ich, ich...ich...

DAME　　　　　　　　Es ist mir etwas peinlich, aber meine Tocher hielt es für gefährlich, bei jeder Gelegenheit den wertvollen Schmuck zu tragen – und da haben wir uns eine billige Imitation herstellen lassen. Aus Versehen habe ich Ihnen leider den falschen Schmuck gegeben. *(den Schmuck – es ist natürlich für die Szene derselbe, man braucht also keine zwei Exemplare – aus ihrer Tasche nehmend und hochhaltend)* Hier ist der echte!

(Blackout)

Russisches Roulette mit Cognac

Personen: Lou, attraktive junge Frau
Manfred, ihr (älterer) Gatte
Roberto, ihr Liebhaber

Requisiten: *Ein Leuchter mit Kerzen, eine Flasche Cognac, ein Tütchen, zwei Cognacschwenker ohne und einer mit Goldrand, zwei „Abschiedsbriefe" (Text ausschreiben!)*

Szene: *Vorn ein Sesselarrangement mit einem Couchtisch, im Hintergrund ein Sideboard, auf dem eine (noch nicht geöffnete) Flasche Cognac und ein Leuchter mit brennenden Kerzen stehen. Der Raum soll nach Reichtum aussehen. Nicht nötig, aber dekorativ und symbolisch zugleich wäre es, wenn über dem Sideboard ein vergrößertes Foto von Lou hängen würde, das sie als eine Art Sphinx darstellt. Sollte gar ein begabter Maler unter Ihnen sein, wäre ein Porträt in Öl natürlich der Clou. Alle Auftritte von links.*
Die drei Rollen müssen absolut ernst genommen und seriös gespielt werden. Besonders dürfen einige bewußt kitschige Stellen nicht ironisch gesprochen werden. Je überzeugender der Spieler seinen Text bringt, um so mehr kommt die Tragikomik des Spiels zur Geltung. Besonders die Darstellerin der Lou muß immer im Augenblick an jedes Wort glauben, das sie sagt, und auf keinen Fall merken lassen, wann sie lügt. Vielleicht weiß sie das tatsächlich selbst nicht?

LOU *(steht en face zum Publikum ganz vorn, hält zwei Cognacschwenker hoch und betrachtet sie nachdenklich. Man sieht ihr an, daß sie plötzlich eine Idee hat. Sie geht um das Sesselarrangement herum zum Sideboard, öffnet das Fach, stellt einen Cognacschwenker hinein, entnimmt ihm einen anderen, kommt wieder nach vorn und hält jetzt die beiden Gläser hoch gegen das Licht. Man erkennt deutlich, daß ein Cognacschwenker einen Goldrand hat, der andere keinen. Lou lächelt wie eine Sphinx und sagt leise:)*
So. Das Spiel kann beginnen.

MANFRED	*(tritt auf, ein Blatt Papier in der Hand)*
LOU	*(schrickt leicht zusammen, stellt die Gläser auf den Couchtisch und wendet sich mit großen Augen ihrem Gatten zu)*
MANFRED	Da. Mein Abschiedsbrief.
LOU	Ach, Manfred.
MANFRED	Willst du ihn hören?
LOU	Ich kann es immer noch nicht glauben.
MANFRED	Was?
LOU	Bisher war's Spiel. Soll es nun wirklich bitterer Ernst werden? *(Sie stehen sich, durch den Couchtisch getrennt, gegenüber und starren sich eine Weile stumm an)*
MANFRED	Wir haben keine Zeit mehr, Lou, lange zu lamentieren. In drei Minuten kommt Roberto, dann ist es soweit.
LOU	Roberto war niemals pünktlich.
MANFRED	Du mußt es ja wissen.
LOU	*(demütig)* Ja, Manfred. *(bitter)* Ich weiß es nur zu gut.
MANFRED	Willst du also nun meinen Abschiedsbrief zur Kenntnis nehmen oder nicht?
LOU	*(mit schmerzerstickter Stimme)* Bitte, lies.
MANFRED	*(setzt sich in den linken Sessel und liest)* Einzige Frau meines Lebens.
LOU	*(sinkt aufschluchzend in den rechten Sessel)*

MANFRED	*(liest weiter)* Seit ich weiß, daß du einen anderen mehr liebst als mich, will ich nicht weiterleben. Was nützen mir meine Millionen, wenn ich dich nicht habe? Vergib mir, was ich dir antue, aber ich kann, ich will nicht mehr.
LOU	*(verbirgt ihr Gesicht in den Händen)*
MANFRED	*(liest weiter)* Ich werde heute in meinen Abend-Cognac ein wenig Arsen geben...
LOU	*(nimmt die Hände vom Gesicht, das sich zu einem stummen Schrei verzerrt)*
MANFRED	... und du bist frei. *(liest mit ersterbender Stimme zu Ende)* In Liebe bis in den Tod... dein Manfred.
LOU	Nein, Manfred, das darf nicht sein!
MANFRED	Was?
LOU	Ich weiß nicht... ich bin nicht mehr sicher... *(Pause)* du warst immer so lieb, so verständnisvoll *(Pause)* und wie habe ich dir das vergolten?
MANFRED	*(seinen Abschiedsbrief auf den Tisch legend)* Ach, Lou, du bist eine Frau, ein Weib, eine Tochter Evas. Da erschien dir die Schlange in Gestalt eines schönen jungen Mannes, eines feurigen Liebhabers, und ich bin nicht mehr der Jüngste.
LOU	*(spring auf und läuft erregt hin und her)* Foltere mich nicht, Manfred! Ich bin völlig fertig mit den Nerven. Ich werde noch verrückt. Wenn wir nur noch Zeit hätten, aber ausgerechnet diesmal wird Roberto pünktlich sein.
MANFRED	*(den Kopf nach hinten gelehnt, mit geschlossenen Augen)* Hoffentlich! Ich wünsche, ich hätte es hinter mir.
LOU	*(wie vorher)* Das ertrage ich nicht! Nein, du darfst nicht sterben, Manfred. Es gibt keinen besseren Menschen auf der Welt als dich.

MANFRED — Die Erkenntnis kommt dir reichlich spät.

LOU — Ich ertrage den Gedanken nicht, dich zu verlieren. *(tritt hinter seinen Sessel, sich über ihn beugend)* Ich brauche dich, Manfred.

MANFRED — *(die Augen öffnend, zu ihr aufschauend)* Ist das dein Ernst?

LOU — Ja.

MANFRED — *(springt auf)* Dann komm, sofort!

LOU — Wohin?

MANFRED — *(sich zu ihr wendend, während sie wie erstarrt vor ihm steht)* Wohin du willst. Hawaii, Honolulu, Paris. Mein Scheckheft habe ich bei mir. Das Auto ist in der Garage. In einer Viertelstunde sind wir auf dem Flughafen.

LOU — *(schweigt einen Moment, dann)* Ja, das wär' herrlich. *(schweigt wieder, dann leise)* Aber... Roberto?

MANFRED — Den schicken wir zum Teufel.

LOU — Wenn das so leicht wäre.

MANFRED — Du liebst ihn also doch?

LOU — *(nach einigem Zögern)* N-nein, aber...

MANFRED — Was aber?

LOU — *(geht wieder aufgeregt hin und her, von Manfred verfolgt)* Er hat mich verzaubert. Wie soll ich von ihm loskommen?

MANFRED — Wenn wir erst weit weg sind...

LOU — Er wird uns überallhin folgen.

MANFRED — Dazu wird ihm bald das nötige Kleingeld fehlen. Vergiß nicht, daß er ein brotloser Künstler ist.

LOU   Vergiß nicht, wie raffiniert ... ich meine, wie findig Roberto ist, und daß er sich mit seinem Charme überall durchschnorren kann. Verlaß dich darauf, er wird immer Mittel und Wege finden, um uns zu verfolgen. Er wird nie von mir lassen. Und ich fühle mich ihm machtlos ausgeliefert. *(sinkt verzweifelt an der Rücklehne des rechten Sessels nieder)* Ach, es ist alles hoffnungslos. Kein Ausweg! Kein Ausweg!

MANFRED   *(sie behutsam hochziehend)* Nun übertreib nicht, Lou! Noch steht alles auf des Messers Schneide. Auch Roberto kann das falsche Glas erwischen – oder das richtige.

LOU   Wie meinst du?

MANFRED   *(sie stehen jetzt nahe beieinander, die nächsten Sätze folgen Schlag auf Schlag)* Wenn Roberto stirbt, ist es doch aus mit seiner Macht über dich. Oder nicht?

LOU   Ja, wenn Roberto nicht wäre ...

MANFRED   ... dann könntest du ...

LOU   Könnte ich?

MANFRED   Könnten wir ...

LOU   ... leben wie früher.

MANFRED   Wie im Paradies!

LOU   Ach, könnten wir doch wieder glücklich werden!

MANFRED   Also brauche ich nur zur Göttin Zufall zu beten, daß sie mir gnädig sei.

LOU   *(sich von ihm lösend)* Ob beten genügt, weiß ich nicht.

MANFRED   Was wäre sonst zu tun?

LOU	Du, als der Beleidigte, wählst doch das Glas, das du trinken willst.
MANFRED	Nein, wir knobeln, wer das erste Glas nimmt.
LOU	Gut! Dann gewinnst du.
MANFRED	Wieso?
LOU	Nun, Roberto ist doch Maler. Also wird er garantiert „Papier" wählen.
MANFRED	Und wenn ich also „Schere" wähle?
LOU	… darfst du dir dein Glas aussuchen.
MANFRED	Dann steht es immer noch fünfzig zu fünfzig.
LOU	*(mit dem Rücken zum Sideboard, ihre Arme auf ihm ausbreitend)* Nicht unbedingt.
MANFRED	Was hast du vor?
LOU	Siehst du die zwei Gläser auf dem Couchtisch?
MANFRED	Natürlich. Zwei Cognacschwenker, einer mit Goldrand, einer ohne.
LOU	Ist das nicht ein Wink des Schicksals?
MANFRED	Ja, wenn mir das Schicksal zuwinken würde, in welchem Glas das Gift sein wird.
LOU	Vielleicht spiele ich Schicksal.
MANFRED	Du? Aber wie?
LOU	Ganz einfach. Indem ich dir verrate, mein Schatz, in welches Glas ich das Arsen schütten werde.
MANFRED	Das willst du tun?

LOU	*(geht zum Couchtisch und nimmt die Gläser hoch)* Ja, das tue ich für dich, Manfred. Welches Glas möchtest du?
MANFRED	Das ist doch gleich. Du mußt nur sicher sein, damit es keine Verwechslung gibt.
LOU	*(stellt das eine Glas weg)* Also gut. *(hebt den Schwenker mit dem Goldrand hoch)* Das Gift kommt also in den Goldrandschwenker. Merk es dir gut.
MANFRED	Ich bin doch kein Vollidiot. *(es klingelt)*
BEIDE	Roberto!
LOU	Diesmal also doch pünktlich ... ich geh' ihm öffnen.
MANFRED	*(energisch)* Nein, ich! *(geht ab)*
LOU	*(nimmt die beiden Gläser vom Couchtisch und stellt sie auf das Sideboard rechts und links von der Cognacflasche; dann geht sie zu der Palme oder einem anderen Gegenstand, wo sie einem Versteck ein kleines weißes Beutelchen oder Tütchen entnimmt, das sie zunächst auf dem Sideboard ablegt; sie öffnet die Flasche Cognac, riecht daran und gießt jedes der beiden Gläser halbvoll; dann nimmt sie das Tütchen hoch, öffnet es, riecht daran, ihr Gesicht wendet sich ab; Lou steht jetzt mit dem Rücken zum Publikum und zieht die Gläser an sich heran, so daß man nicht sieht, in welches Glas sie das Pulver schüttet.)*
MANFRED UND ROBERTO	*(treten auf)*
ROBERTO	Entschuldige, Lou, daß ich diesmal pünktlich bin. Aber zum Sterben soll man nie zu spät kommen.
LOU	Wie kannst du so frivol reden, Roberto, wo es doch um Leben und Tod geht?

MANFRED	Ich finde, wir halten uns nicht lange mit der Vorrede auf, sondern kommen zur Sache. Darf ich der Ordnung halber noch einmal unsere Vereinbarung wiederholen? Wir haben uns verpflichtet – Sie und ich –, jeder ein Glas Cognac zu trinken, das „unsere" Lou... uns reichen wird. In einem der Gläser wird sich Arsen befinden. Damit es kein gerichtliches Nachspiel gibt und einwandfrei auf Selbstmord erkannt wird, hat jeder von uns einen Abschiedsbrief geschrieben... wo ist der Ihre?
ROBERTO	Hier. *(hat im folgenden nur Auge und Ohr für Lou)*
MANFRED	zeigen Sie mal! *(Roberto übergibt ihm den Brief, Manfred liest)* Was ist die Welt ohne die Frau, die ich liebe? Was ist die Welt ohne meine Bilder? Nichts, nichts, nichts! Also mag das Nichts mich verschlingen! Sie liebt mich nicht. Das raubt mir mein Talent und drückt mir den Giftbecher in die Hand, den ich in der nächsten Minute schlürfen werde. Leb wohl, schöne, schnöde Welt! Leb wohl, Geliebte! Roberto. – Romantischer Quatsch. Aber jeder geht eben nach seinem Geschmack zum Teufel.
LOU	Macht endlich Schluß! Ich kann das nicht mehr länger ertragen!
MANFRED	Gönn uns doch noch eine Minute Leben... das heißt: einem von uns.
ROBERTO	Vereinbarungsgemäß wollten wir knobeln, wer zum ersten Glas greifen darf.
MANFRED	Also los. *(sie holen zum Knobeln aus)*
MANFRED	Stopp!
LOU	Was denn noch?
MANFRED	Wo sind die Abschiedsbriefe?
LOU	*(am Rand der Hysterie, legt sie die Briefe übereinander auf den Tisch)* Hier. Nun macht schon!

MANFRED	Der Gewinner darf nicht vergessen, sofort seinen Brief zu vernichten.
ROBERTO	Darauf können Sie Gif... können Sie sich verlassen, mein Lieber! *(sie knobeln; Manfred macht „Schere", Roberto „Stein"; Manfred wird blaß, Lou zittert)*
MANFRED	*(leise zu Lou)* Von wegen „Maler"! *(dann zu Roberto gewendet, gepreßt)* Sie haben die Wahl! Wo sind die Gläser?
LOU	*(holt die Gläser vom Sideboard und stellt sie mit zitternden Händen auf den Tisch)*
MANFRED	Präpariert?
LOU	*(nickt, mit Blick auf Manfred)* Wie verabredet. *(Manfred und Lou sehen gespannt auf Roberto, der hin und her schwankt, welches Glas er wählen soll; schon hat er das randlose Glas in der Hand; Manfred schließt die Augen, und Lou greift sich ans Herz; da stellt er das Glas wieder hin und nimmt entschlossen das Goldrandglas, setzt es an und gießt den Inhalt mit einem Schluck hinunter; Manfred und Lou atmen auf. Roberto setzt zitternd das Glas auf den Tisch, bekommt einen starren Ausdruck, plötzlich röchelt er)*
ROBERTO	Ich brenne... ich... sterbe... Hilfe! Hi... Hi... *(er taumelt und stürzt unter Krämpfen zu Boden, zuckt noch etwas, liegt dann still)*
LOU	So. Aus. Vorbei.
MANFRED	*(ist in seinem Sessel zusammengesunken, trocknet sich mit dem Taschentuch den Schweiß von der Stirn)* Nein, wie furchtbar! Wenn ich denke, daß ich jetzt so daliegen könnte.
LOU	Reg dich nicht auf, mein Schatz! Es hat doch großartig geklappt.
MANFRED	*(sich plötzlich ans Herz fassend)* Mein Herz... mein Herz!

LOU	*(erschrocken)* Manfred! Das fehlte noch, daß du mir jetzt einen Herzinfarkt kriegst. *(tritt mit dem Cognacschwenker zu ihm)* Komm, Liebling, trink! Dieser Cognac wird dich bestimmt sofort beruhigen.
MANFRED	Ich glaube auch ... den hab' ich verdient.
LOU	Mit einem Mord – oder?
MANFRED	Das ist morgen vergessen!
LOU	*(ihm das Glas in die Hand gebend)* Bestimmt, mein Herzblatt.
MANFRED	*(führt das Glas an den Mund, setzt es ab, steht auf, ihr zuprostend)* Auf das Paradies, in das ich mit dir reisen will! *(nippt, faßt sich sofort an den Hals, läßt das Glas fallen, würgt, stürzt röchelnd zu Boden, liegt still)*
LOU	Gute Reise! Aber ohne mich. *(zu dem liegenden Roberto gewendet:)* Du kannst jetzt aufstehen, Roberto! Der stört uns nicht mehr.
ROBERTO	*(rührt sich nicht)*
LOU	Roberto! Hörst du nicht?
ROBERTO	*(rührt sich nicht)*
LOU	*(stürzt zu ihm, kniet neben ihm nieder)* Um Himmels willen! Was habe ich getan? Doch nicht in beide Gläser ...?
ROBERTO	*(schlägt die Augen auf und umarmt sie lachend)*
LOU	Du Teufel! Wie kannst du mir so einen Schrecken einjagen!?

BEIDE	*(erheben sich; Roberto betrachtet den toten Manfred)*
ROBERTO	Dabei war dein Mann mir so sympathisch.
LOU	Mir nur sein Geld! *(löst sich von ihm)* Und damit uns das nicht entgeht, heißt es jetzt, ganz schnell deinen Abschiedsbrief... *(sie nimmt einen Brief vom Tisch, zerreißt ihn nervös)* zu vernichten. Am besten... *(sie hält das Papier über die brennenden Kerzen am Sideboard)* verbrennen! *(sie geht rasch mit dem aufflammenden Papier hinaus)*
ROBERTO	Wo willst du hin?
LOU	*(von draußen)* Die Asche im WC runterspülen.
ROBERTO	*(geht zum Couchtisch und betrachtet den dort liegengebliebenen Brief)* Was ist denn... *(sein Mund öffnet sich, seine Augen treten fast aus den Höhlen)*
LOU	*(noch halb draußen, zurückkommend)* So, jetzt wäre jede Spur verwischt!
ROBERTO	*(vor Schreck stotternd)* Da-da... da...
LOU	*(übernervös)* Was denn nun noch?
ROBERTO	*(mit dem Finger auf den Brief zeigend)* Da... das ist ja mei... meine... Ha... Handschrift! *(Jetzt flüssig)* Du hast ja Manfreds Abschiedsbrief verbrannt!
LOU	*(schreit)* Nein! Das darf doch nicht wahr sein... *(sie will zum Couchtisch stürzen, um sich selbst zu überzeugen, da erstarrt sie mitten in der Bewegung, denn plötzlich fängt die vermeintliche „Leiche" Manfred schallend zu lachen an; auch Roberto erstarrt)*

MANFRED *(immer lachend, zieht sich mühsam in den Sessel und, immer von Lachen unterbrochen)* Das darf wirklich nicht wahr sein! Das ist ja ... ihr hättet euch selbst in der eigenen Schlinge gefangen, auch wenn ich nicht so schlau gewesen wäre, dein Arsen Lou, mit Zucker zu vertauschen. *(mit raschem Griff zu Robertos Abschiedsbrief)* Aber jetzt habe ich euch in der Hand!

(Blackout)

Dieser Krimi gibt Ihnen auch die Möglichkeit, ihn modern zu inszenieren. Etwa so: Sie unterbrechen das Spiel bei dem Satz von Lou: „Mir nur sein Geld." Blackout. Drei Sekunden später ertönt die Stimme des Spielbosses: „Licht! Licht!" Es wird hell und er tritt vor das Publikum und fragt: „Finden Sie den Schluß gut? Ich nicht. Wo bleibt da die Gerechtigkeit? Sollen diese Schlange Lou und ihr schurkischer Liebhaber und Komplize wirklich triumphieren?" Der Spielboß bittet das Publikum, einen gerechteren Schluß zu finden, den Sketch vom Auftritt Robertos an nochmals vorführen zu dürfen. Raffinierterweise kann jetzt die Darstellerin der Lou – im Hinblick auf den anderen Schluß – ihre Rolle etwas anders spielen, sozusagen mit doppeltem Boden. Sie können den Sketch sogar noch einmal unterbrechen, und zwar nach Robertos Satz: „Du hast Manfreds Abschiedsbrief verbrannt." Zweites Blackout, dasselbe Spiel wie vorher. Der Spielboß fragt: „Gefällt Ihnen dieser Schluß besser? Oder doch noch nicht ganz? Bitte, können Sie haben!" Der Sketch wird jetzt wiederholt von der Stelle, an der Manfred über sein Herz klagt. Nach dem endgültigen Schluß kann der Spielboß vor das Publikum treten und eine Diskussion beginnen. Vielleicht fällt jemandem noch ein ganz anderer Schluß ein. Wer diesen Originalsketch nach der Veröffentlichung in diesem Buch zum ersten Mal aufführt, kann eine echte Uraufführung für sich verbuchen.

Der dritte Mann

Personen: Einbrecher
Villenbesitzer

Requisiten: *Große Tasche, Silberzeug oder andere wertvolle Gegenstände, Revolver, Telefon, Geräuschplatten.*

Szene: *Wohnzimmer einer alleinstehenden Villa*
Die Szene ist dunkel. Man hört Scheiben klirren. Tapsende Schritte. Eine Taschenlampe blitzt auf, tastet den Raum ab.

EINBRECHER *(schleicht durch das Zimmer, stößt an einen Stuhl, flüstert* Idiot!*)* *(öffnet die Schranktür und holt Silberzeug oder andere Gegenstände heraus und packt sie in eine große Tasche; jedesmal, wenn es klirrt, sagt er zu sich)* Psst! *(plötzlich erscheint vorn der Hausbesitzer, einen Revolver in der Hand, und ruft)*

HAUSBESITZER Hände hoch!

EINBRECHER *(erschrickt und dreht sich um)*

HAUSBESITZER *(schaltet das Licht ein; es wird hell)*

EINBRECHER *(weinerlich)* Nein, das kann auch nur mir passieren!

HAUSBESITZER Suchen Sie etwas Bestimmtes?

EINBRECHER Eigentlich Geld...

HAUSBESITZER Oh! Da helf' ich Ihnen suchen.

EINBRECHER *(resignierend)* Aber nun kann ich einpacken, indem ich wieder auspacke. *(leert die Tasche und stellt die Gegenstände wieder zurück)* Wieso sind Sie überhaupt zu Hause? Donnerstag ist doch Ihr Stammtisch, Ihr Dreiertreffen im „Stolzen Hirsch". Hab' ich doch extra ausbaldowert.

HAUSBESITZER Tut mir leid, ist heute leider ausgefallen.
Freund Erich ist krank.

EINBRECHER	So ein Pech aber auch! Dachte, ich hätte einen Grand mit vieren in der Hand – nun ist es nur ein Null ouvert.
HAUSBESITZER	*(sieht auf einmal den Einbrecher strahlend an, geht zum Telefon, legt den Revolver daneben und hebt den Hörer ab)*
EINBRECHER	Mann, müssen Sie die Bullen alarmieren? Können Sie mich nicht laufen lassen?
HAUSBESITZER	*(spricht rasch, während er wählt)* Kommt nicht in Frage! Sie bleiben.
EINBRECHER	Was haben Sie denn davon, wenn ich …
HAUSBESITZER	*(winkt dem Einbrecher zu, still zu sein)* Will nur meinem Nachbarn Bescheid sagen.
EINBRECHER	Ich steig' heut bestimmt nirgendwo mehr ein.
HAUSBESITZER	*(Geste wie eben)* Albert? Ja, ich bin's … kannst rüberkommen! Wir haben den dritten Mann zum Skat!

(Blackout)

Die Hutschachtel

Dieser „Klassiker" unter den Sketchen, mit Koffer oder Kiste oft und oft gespielt, erhält eine neue Note durch die Besetzung mit einer Dame samt Hutschachtel und durch die neue Überpointe am Schluß.

Personen: 1. Fahrgast
2. Fahrgast (weiblich)
3. Fahrgast
Schaffner
3 Fahrgäste (stumm)

Requisiten: Eine Hutschachtel

Szene: *Eisenbahnabteil, vom Fenster aus betrachtet. Die zwei Bänke öffnen sich nach vorn, anstatt parallel zu stehen. Alle Fahrgäste sollten durch gleichmäßiges Schaukeln die Fahrbewegung andeuten. An passenden Stellen kommt eine Kurve, die kongruent von allen ausgeschwungen wird. Ein Fahrgast lümmelt sich auf eine neben ihm auf dem Sitzplatz liegende Hutschachtel. Ihm gegenüber in einer Ecke sitzt ein weiblicher Fahrgast. Die anderen vier Plätze sind ebenfalls besetzt. Ein weiterer Fahrgast betritt das Abteil.*

3. FAHRGAST *(freundlich zum 1. Fahrgast)* Ach, nehmen Sie doch bitte die Hutschachtel weg.

1. FAHRGAST Wer?

3. FAHRGAST Sie.

1. FAHRGAST Ich?

3. FAHRGAST Ja, Sie. Ich bitte Sie, die Hutschachtel wegzunehmen.

1. FAHRGAST Warum?

3. FAHRGAST Weil ich mich setzen will.

1. FAHRGAST So? *(rührt sich nicht)*

3. FAHRGAST	*(etwas schärfer)* Bitte, nehmen Sie die Schachtel weg.
1. FAHRGAST	Wer?
3. FAHRGAST	Sie!
1. FAHRGAST	Ich?
3. FAHRGAST	Ja, Sie!!
1. FAHRGAST	Ich denke gar nicht dran.
3. FAHRGAST	Nehmen Sie jetzt die Schachtel weg!
1. FAHRGAST	Fällt mir nicht im Traum ein.
3. FAHRGAST	Hören Sie, entweder Sie nehmen die Hutschachtel weg oder…
1. FAHRGAST	Na was oder?
3. FAHRGAST	Ich hole den Schaffner.
1. FAHRGAST	Von mir aus.
3. FAHRGAST	*(eilt hinaus)*
1. FAHRGAST	*(grinst und lümmelt sich weiter auf der Hutschachtel)*
3. FAHRGAST	*(kommt mit dem Schaffner)*
SCHAFFNER	Was ist hier los?
3. FAHRGAST	Der Herr weigert sich, die Hutschachtel vom Sitzplatz zu nehmen.
SCHAFFNER	Das wäre ja noch schöner! Mein Herr, Sie nehmen jetzt die Hutschachtel vom Platz, verstanden?
1. FAHRGAST	Wer?

SCHAFFNER	Sie!
1. FAHRGAST	Ich?
SCHAFFNER	Machen Sie keine Faxen, ich fordere Sie hiermit amtlich auf, die Hutschachtel wegzunehmen.
1. FAHRGAST	Wer?
SCHAFFNER	Sie!
1. FAHRGAST	Ich?
SCHAFFNER	Mann, Sie nehmen jetzt die Hutschachtel weg.
1. FAHRGAST	Nee. Tu ich nicht.
SCHAFFNER	Und warum nicht in Teufels Namen?
1. FAHRGAST	Weil die Hutschachtel mir gar nicht gehört.
SCHAFFNER	Na so was! Warum haben Sie denn das nicht gleich gesagt?
1. FAHRGAST	Warum sollte ich denn? Ihre Fragerei hat mir Spaß gemacht.
SCHAFFNER	Ja wem gehört denn die verdammte Hutschachtel, zum Donnerwetter?
2. FAHRGAST	*(auf der anderen Seite in der Ecke, es kann auch eine lustige, etwas rundliche Madame sein)* Mir.
SCHAFFNER	Und warum nehmen Sie Ihre Schachtel nicht weg?
2. FAHRGAST	*(sehr langsam und betont ruhig)* Es hat mich ja bisher noch niemand dazu aufgefordert. *(Blackout; wichtig ist, daß die Dame, der die Schachtel gehört, weder schmunzelt noch dem Dialog die geringste Beachtung schenkt, sondern möglichst ein gußeisernes Gesicht wie Buster Keaton macht, während die anderen drei stummen Fahrgäste den*

Vorfall mit Interesse verfolgen, je nach Temperament und mimischer Begabung)

SCHAFFNER So? – Jetzt fordere ich Sie auf, diese Hutschachtel hier wegzunehmen!

2. FAHRGAST Wenn Sie durchaus wollen ... gerne! *(sie springt wie von der Tarantel gestochen auf, ist mit einem Satz bei der Schachtel, wobei sie den Schaffner und den Gast ein wenig nach außen drängt, ergreift die Hutschachtel schnell und setzt sie mit einem Wupp-dich auf den Platz gegenüber, auf dem sie bisher gesessen hat; dann schnellt sie sofort zu dem Platz, auf dem die Schachtel stand, und lümmelt sich breit hin. Schaffner und Gast sehen sich vor der Situation wie vorhin)*

SCHAFFNER So eine Schachtel!

(Blackout)

Der Schluß kann auch „verrückt" ausgespielt werden:

SCHAFFNER *(brüllt)* Verschwindet jetzt endlich die verdammte Hutschachtel oder nicht?

2. FAHRGAST *(die Dame holt einen irrsinnig komischen Hut aus der Schachtel, setzt ihn sich auf und wirft die Schachtel zum Fenster hinaus)*

Da der Sketch sich für eine Jugendgruppe besonders eignet, gibt es noch mehr Möglichkeiten. Es kann zu einer Rangelei um die Schachtel kommen, oder einer setzt sich drauf, und sie wird platt. Oder ... Lassen Sie Ihre Phantasie spielen. Mich würde es freuen, wenn Ihnen etwas Besseres einfällt als mir.

Die Rumsuppe

Personen: Rudi
Karlchen

Requisiten: Suppenterrine mit brauner Flüssigkeit, Löffel, Teller

Szene: Rudi und Karlchen sitzen sich gegenüber an einem Tisch, auf dem eine große Terrine steht, und schlürfen aus den vor ihnen stehenden Tellern die letzten Löffel einer Suppe. Beide sind schwer betrunken und haben glasige Augen.

RUDI Noch was drin?

KARLCHEN Mal sehen.

RUDI (er erhebt sich mit Mühe und sieht tief, fast die Nase hineinsteckend, in die Terrine, hebt sie hoch und gießt den Rest der braunen Flüssigkeit in Rudis Teller)

KARLCHEN Da, Rudi. Der Rest für die Gottlosen.

RUDI (während er löffelt, leicht lallend) Prima Idee, Karlchen, mich zu einer Rumsuppe einzuladen. Was war denn da drin?

KARLCHEN Na, erst mal 'ne Buddel Rum, achtundvierzigprozentig, versteht sich. Dann eine halbe Flasche Cognac, Gewürze – ach ja, auch noch eine halbe Flasche Gin.

RUDI (hat ausgelöffelt, starrt Karlchen an) So, das Essen war ja prima. Aber sag mal, gibt's denn bei dir gar nischt zu trinken?

Sie können die beiden auch Tünnes und Schäl nennen und als Opening für einen Omnibus-Sketch mit den beiden Kölner Witzbolden nehmen (in Hamburg Hein und Fietje, in Kassel Ephesus und Kupolle usw.).

Der Hellseher

(Vexier-Sketch)

Personen: Frau Susi Stolz
Herr Weißnix

Requisiten: *Kaffeegeschirr, zwei Päckchen verschiedener Größe, Briefe, Aktentasche, Formularpapier, Füllfederhalter*

Szene: *Wohnzimmer (siehe Zeichnung).*
Der Blumenständer am Fenster (Mitte hinten) hat zwei Topfpflanzen, in der zweiten Ausführung drei. Das Sofa der Sitzgruppe rechts vorn bleibt bei allen Aufführungen gleich. Der Couchtisch wird in der zweiten Aufführung durch einen anders geformten Tisch ausgetauscht. Stuhl und Sessel werden für die zweite Aufführung miteinander getauscht. Die Standuhr links in der Ecke zeigt in der zweiten Aufführung eine andere Zeit als in der ersten.
Die Bühne ist leer. Von draußen Schlüsselgeräusch und Öffnen der Tür.

SUSI	*(tritt auf, geht zum fertig gedeckten Kaffeetisch, nimmt die Haube von der Kanne; sie hat eine kräftige Stimme und spricht sehr laut.)* So was Dummes! Hab' ich den Kaffee fertig, und nun kommt Friedel erst in einer Stunde. *(es läutet)* Ah, der Postbote ... *(sie geht hinaus; man hört von draußen Herrn Weißnix)*
WEISSNIX	Guten Tag, Frau Stolz! Mein Name ist Weißnix, ich komme vom Demoskopinstitut Kibitz. Würden Sie uns liebenswürdigerweise ein paar Fragen beantworten?
SUSI	Bitte kommen Sie doch herein! *(während sie Herrn Weißnix hereinführt)* Ja, ich habe etwas Zeit. Ich war mit einer Freundin verabredet, aber...
WEISSNIX	Mit Friedel, ich weiß.
SUSI	Bitte?
WEISSNIX	Ach, nichts...
SUSI	Nehmen Sie doch Platz, Herr Weißnix. Wie wär's mit einer Tasse Kaffee?
WEISSNIX	*(setzt sich, entnimmt seiner Aktentasche einen Fragebogen, legt ihn sich zurecht, zückt seinen Füllfederhalter)* Ich möchte Sie nicht lange aufhalten, Frau Stolz.
SUSI	*(mit dem Milchgießer)* Milch?
WEISSNIX	Danke.
SUSI	Danke, ja oder danke, nein?
WEISSNIX	Danke, ja.
SUSI	*(gießt ihm Milch ein, nimmt die Zuckerdose)* Zucker?
WEISSNIX	Danke, ja. Zwei Stück, bitte. *(In der 2. Aufführung: drei Stück.)*

SUSI	*(gibt ihm die gewünschten Zuckerstücke in die Tasse, setzt sich und bedient nun sich selbst)*
WEISSNIX	Darf ich zur Sache kommen? Sollte Ihnen eine Frage peinlich sein, Frau Stolz, brauchen Sie sie natürlich nicht zu beantworten, aber das ist in diesem Fall *(er lächelt geheimnisvoll)* wohl illusorisch.
SUSI	*(erstaunt)* Bitte?
WEISSNIX	*(trinkt Kaffee)* Wunderbar, der Kaffee, Frau Stolz. Mein Kompliment! Sie haben wirklich nicht übertrieben…
SUSI	Wie bitte? Wo… ich verstehe nicht…
WEISSNIX	*(beugt sich über sein Formular und schreibt)* Also: Frau Susi Stolz…
SUSI	Woher wissen Sie meinen Vornamen?
WEISSNIX	*(reagiert nicht, ignoriert auch im folgenden ihre wachsende Verwunderung)* … wohnhaft… *(Straßenname am Spielort)*, und zwar seit einem Monat. – Höhe der Miete?
SUSI	600…
WEISSNIX	*(ihr ins Wort fallend)* …37 Mark inklusive, drei Zimmer mit Küche, Bad und Balkon.
SUSI	Woher kennen Sie denn unsere Wohnung, Herr Weißnix?
WEISSNIX	Telefon? Nein, aber der Antrag ist gestellt und schon dreimal vergeblich angemahnt.
SUSI	*(mit offenem Mund, ihren Besucher anstarrend)*
WEISSNIX	Verheiratet? Mit Adolf Stolz, Ingenieur. *(In der 2. Aufführung: Adolar!)* *(es klingelt)*

SUSI	*(steht auf)* Entschuldigung, es wird der Postbote sein. *(sie geht hinaus)*
WEISSNIX	*(füllt ungerührt sein Formular weiter aus, dabei murmelnd)* Kinder? Keine, im vorigen Jahr eine Fehlgeburt. *(den Fragebogen umblätternd)* So, und nun Gewohnheiten. Trinkt lieber Kaffee als Tee ... kein Alkohol ... Nichtraucherin, seit vorgestern.
SUSI	*(kommt mit der Post zurück, einige Kuverts und ein Päckchen, legt sie auf dem Fenstertischchen ab)* Alles bloß Reklame! *(In der 2. Aufführung ein kleineres Päckchen als in der 1. Aufführung: „Oh, ein Brief von Addi!" [sie gibt dem Brief ein Küßchen und behält ihn in der Hand, als sie sich wieder an den Tisch zu Weißnix setzt])*
SUSI	Also, Herr Weißnix, ich muß mich wirklich wundern, wieso Sie ...
WEISSNIX	*(sie unterbrechend)* Entschuldigen Sie bitte, Frau Stolz, ich arbeite unter Termindruck, und ich möchte rasch zum Ende kommen, wenn es Ihnen recht ist. Also jetzt ein paar hausfrauliche Fragen. Wo kaufen Sie ein?
SUSI	Ja, im allgemeinen bei ...
WEISSNIX	*(schon wieder notierend)* Im Einkaufszentrum *(bekanntes Geschäft am Spielort)* Welches Waschmittel bevorzugen Sie?
SUSI	Sie werden lachen, aber ich war von meiner Mutter her an ... *(bekanntes Waschmittel)* gewöhnt, aber ...
WEISSNIX	*(ihr wieder ins Wort fallend)* ... seit voriger Woche benutzen Sie ... *(anderes Waschmittel)* Urlaubspläne?
SUSI	Ich habe ...
WEISSNIX	*(wie oben)* ... für Juni in Mallorca gebucht, und zwar vom 3. bis 23. Rückflug über Paris. Verbringen Sie Ihren Urlaub mit Ihrer Familie?

SUSI — Diesmal leider nicht, mein Mann...

WEISSNIX — *(wie oben)* Allein, da Gatte auf Montage in Afrika. *(In der 2. Aufführung: Ostasien!)*
Einkommen? Gehalt des Gatten 3 500 Mark brutto, seit 1. April Trennungszulage, 3 250 Mark netto.

SUSI — *(holt fassungslos Luft, dann)* Also jetzt brauche ich eine Zigarette.

WEISSNIX — *(reicht ihr eine Zigarette und gibt ihr Feuer mit der linken Hand, während er mit der rechten weiterschreibt)* Besondere Ausgaben? Neuanschaffung eines... *(Automarke einer Mittelklasse)*... *(andere Automarke)* in Zahlung gegeben, mit 2 000 Mark angerechnet.

SUSI — *(am Rand der Hysterie)* Herr Weißnix! Herr Weißnix! Sie heißen Herr Weißnix und wissen ja alles, Herr Weißnix!

WEISSNIX — *(ungerührt weiterschreibend)* Sparguthaben? 9 333 Mark und 75 Pfennige.

SUSI — Woher wissen Sie alles über mich, um Gottes willen!? Sind Sie Hellseher?

WEISSNIX — Nö. Aber ich stand vorher in der Nachbarkabine am Kiosk an der Ecke, als Sie mit Ihrer Freundin Friedel telefonierten. Und bei Ihrer Stimme, gnädige Frau...

(Blackout)

Nein, diese Irren!

Dies ist eine Zusammenstellung einiger klassischer Irrenwitze in dramatisierter Version, die nach Wunsch und Laune erweitert werden kann. Auch die Reihenfolge ist nicht bindend. Alle meine Vorschläge sind prinzipiell keine Vorschriften.

Personen:	Chefarzt Prof. Dr. Hatnichall Ärztin (älter oder jünger) Junge Journalistin 5 Patienten (möglichst kontrasierende Typen)
Requisiten:	*Schubkarren, WC-Bürste, Stift, Block, Brief*
Szene:	*Die Bühne ist leer. Im Hintergrund kann ein Plafond oder eine Stellwand so bemalt sein, daß einem das Wort Irrenanstalt einfällt. Es genügt aber auch ein großes Schild „Sanatorium Hatnichall".* *Irrenarzt und Ärztin in weißen Kitteln. Die Patienten in Anstaltskleidung (gestreifte Schlafanzüge, graue Kittel oder auch närrische Phantasiekostüme). Keiner der Patienten darf einen total verblödeten Eindruck machen; aber jeder Mensch kann, wenn er will, ein dummes Gesicht ziehen. Es kommt auf die Individualität des Darstellers und die Einfälle des Spielbosses an, ob man das „Irresein" dezent andeutend oder grotesk ausspielen will. In jedem Fall muß die „Pfiffigkeit" des jeweiligen Patienten in der Mimik (Augenspiel!) erkennbar werden.*
1. PATIENT	*(kommt mit einem Schubkarren auf die Bühne, sieht sich um, dreht den Karren auf den Kopf, fährt so mit ihm einmal im Kreis herum)*
ÄRZTIN	*(tritt auf, sieht dem Patienten kurz zu, schüttelt den Kopf, geht zu ihm, legt ihm die Hand auf die Schulter, lächelt ihn freundlich an, nimmt ihm behutsam den Schubkarren aus der Hand, dreht ihn um und fährt jetzt richtig damit um den Patienten herum, der sie mit komischen Blicken verfolgt; dann gibt sie dem Patienten den Schubkarren wieder in die Hände und sagt sehr nett zu ihm)* Sehen Sie, so müssen Sie den Schubkarren fahren, dann können Sie ihn auch schön volladen.

1. PATIENT	*(sieht die Ärztin starr an)*
ÄRZTIN	Und nun fahren Sie mal zum Gärtner und holen eine Fuhre! *(geht, dem Patienten freundlich zuwinkend, ab)*
1. PATIENT	*(sieht ihr nach, dreht dann den Karren wieder auf den Kopf und fährt ihn so nach der anderen Seite, von der er gekommen ist, von der Szene; dabei sagt er)* Ich bin doch nicht verrückt! *(Nach seinem Abgang und dem erhofften Lacher tritt von der anderen Seite ein 2. Patient auf, der an einem Bindfaden eine WC-Bürste hinter sich her zieht)*
2. PATIENT	*(flüstert liebevoll wie zu einem Hündchen)* Fiffi, komm! Fiffi, komm!
ÄRZTIN	*(tritt auf, sieht dem Patienten kurz zu, schüttelt den Kopf)* Was ziehen Sie denn da hinter sich her?
2. PATIENT	Na, was wird's schon sein?
ÄRZTIN	Das möchte ich ja von Ihnen hören.
2. PATIENT	Was bilden Sie sich denn ein, Frau Doktor...
ÄRZTIN	*(will auffahren, doch der Patient fällt ihr schnell ins Wort)*
2. PATIENT	...was das sein soll?
ÄRZTIN	*(tritt energisch vor und zeigt auf die WC-Bürste)* Was ist das?
2. PATIENT	Eine Klosettbürste, was denn sonst? Halten Sie's für einen Baumkuchen? *(sich etwas aufregend)* Das sieht ein Blinder, daß das eine Klosettbürste ist!
ÄRZTIN	Schon gut, mein Lieber! Ich dachte nur, Sie wollten wieder Ihr Hündchen spazierenführen.
2. PATIENT	Frau Doktor machen Witze!
ÄRZTIN	Aber warum ziehen Sie das Ding an einer Schnur hinter sich her?

2. PATIENT	Ja, ich hab doch diese Woche WC-Reinigung, und weil ich so vergeßlich bin – aber ich kann ihn auch…
ÄRZTIN	*(schnell, da sie glaubt, ihn ertappt zu haben)* Welchen ihn?
2. PATIENT	*(geistesgegenwärtig)* Den Klosettbürsterich! *(die WC-Bürste hochnehmend)* … kann ihn auch hochnehmen.
ÄRZTIN	*(droht dem Patienten lächelnd mit dem Finger)* Sie müssen die Dinge richtig benennen. Es heißt nun einmal die Klosettbürste.
2. PATIENT	So? Finden Sie, daß Klosettbürste etwas Weibliches ist. Frau Doktor?
ÄRZTIN	Unsinn! Aber…
2. PATIENT	Sehen Sie, ein Bürsterich, der bürstet… aber eine Bürste, die läßt sich…
ÄRZTIN	*(ihm schnell ins Wort fallend)* Reden Sie keinen Blödsinn! Eine Klosettbürste ist eine Klosettbürste, und die muß man auch so nennen! *(etwas verärgert, rasch nach rechts ab)*
2. PATIENT	*(ihr nachrufend)* Mach' ich, Frau Doktor… *(stellt fest, daß die Ärztin weg ist; streichelt die Bürste, sagt zärtlich zu ihr)* Nicht wahr, Fiffi, die haben wir hereingelegt?! *(setzt die Bürste wieder auf den Boden und zieht sie im Abgehen nach links hinter sich her)* Komm, Fiffi, komm! *(schon hinter der Bühne)* Komm, Fiffi, komm! *(Unmittelbar nach seinem Abgang tritt von rechts Chefarzt Prof. Dr. Hatnichall mit einer Journalistin, die Stift und Block in den Händen hält, auf; sie gehen nach vorn bis an die Rampe.)*
HATNICHALL	Und dann habe ich noch einen Fall von absoluter totaler Schizophrenie.
JOURNALISTIN	Wie soll ich das verstehen?
PROFESSOR	Persönlichkeitsspaltung! Ein Mann bildet sich ein, zwei verschiedene Personen zu sein.

JOURNALISTIN	Was Schizophrenie ist, weiß ich schon. Aber wieso total?
PROFESSOR	Na, die bezahlen alle beide! *(man hört hinter der Bühne Schreien, Johlen, Wasserplatschen, Klatschen, irre Schreie – vorher auf Band oder Kassette aufgenommen – über Lautsprecher)*
JOURNALISTIN	Was ist denn da los?
PROFESSOR	*(führt sie nach vorn und deutet ins Publikum)* Das ist nur unsere Badeanstalt!
JOURNALISTIN	Na, die machen ja einen Spektakel! Springen wie verrückt vom Sprungbrett! Scheint ihnen mächtig Spaß zu machen!
PROFESSOR	Das ist noch gar nichts. Sie sollten erst mal kommen, wenn Wasser im Becken ist. *(ein Patient im Badeanzug kommt, komisch hüpfend, rasch von hinten und will schnell am Professor und der Journalistin vorbei)*
JOURNALISTIN	*(hält den Patienten auf)* Bitte, gehen Sie nicht! Springen Sie nicht! Es ist kein Wasser im Becken!
3. PATIENT	*(spricht in süßlich-naivem Ton – wer sich noch an Lieschen Bendow erinnert, möge ihn nachahmen)* Gu-u-ut, ich kann nämlich nicht schwimmen! *(Ganz rasch vorn ab)* *(Jetzt betritt von hinten der 4. Patient die Szene, der grauenerregend aussieht; ausnahmsweise darf bei ihm einmal große Maske gemacht werden; er schreitet langsam und gravitätisch nach vorn)*
PROFESSOR	*(leise zur Journalistin)* Mein schwerster Fall!
JOURNALISTIN	So? Was hat er denn?
PROFESSOR	Größenwahn in höchster Form. Bildet sich ein, er wäre Frankenstein.
JOURNALISTIN	Ist denn das schlimmer, als wenn er sich für Alexander den Großen hält? Den haben Sie mir doch auch vorgeführt, und dann sah ich bei Ihnen einen Cäsar und einen Napoleon, ist das nicht klinisch der gleiche Fall?

PROFESSOR	Nicht doch! Er bildet sich doch ein, er wäre Frankenstein!
JOURNALISTIN	Na ja, aber...
PROFESSOR	Stellen Sie sich vor: Frankenstein will er sein! Das ist doch unheilbarer Wahnsinn!
JOURNALISTIN	Wieso denn?
PROFESSOR	*(mit entsprechender Grimasse)* Frankenstein bin ich doch!
4. PATIENT	*(sich mit beiden Händen vor die Brust schlagend)* Ich bin Frankenstein und saufe Blut wie Frankenstein! *(macht plötzlich Miene, sich auf die Journalistin zu stürzen; der Professor ringt mit ihm, ruft)*
PROFESSOR	Wärter! *(zur Journalistin gewandt)* Sie sehen, ich muß ihn bändigen! *(führt ihn ab)* *(Während die Journalistin jetzt rechts vorn an der Rampe steht und sich kurz Notizen macht, kommt der 5. Patient an sie herangeschlichen und flüstert)*
5. PATIENT	Bitte, entschuldigen Sie.
JOURNALISTIN	*(schrickt zusammen)*
5. PATIENT	*(leise)* Sie sehen nicht so aus, als ob Sie hier richtig wären.
JOURNALISTIN	Nein, ich bin schon hier richtig, nur nicht richtig hier, ich meine, ich bin nur zur Besichtigung hier... das heißt, ich sollte nicht besichtigt werden, ich habe hier besichtigt und...
5. PATIENT	*(sehr normal)* Das habe ich sofort gemerkt. Bitte, entschuldigen Sie nochmals, wenn ich Sie belästige, aber Sie sind meine letzte Hoffnung. Man hat mich hier eingesperrt wegen einer Erbschaftsstreitigkeit. Man will mich um mein Vermögen bringen. Aber ich bin vollkommen normal... ich bin völlig gesund.
JOURNALISTIN	Ja, das hört man doch und sieht es Ihnen an.

5. PATIENT	Sie glauben mir also? Trotzdem riegelt man mich von der Außenwelt ab, ich bin völlig verzweifelt.
JOURNALISTIN	Sie Ärmster! Aber was kann ich für Sie tun?
5. PATIENT	Sie können mich retten. Ich habe hier *(einen Brief aus der Tasche ziehend)* ein Schreiben an meinen Rechtsanwalt. Er wird mich herausholen. Bitte ... wenn Sie ... ich darf ja nicht ... ihn für mich zur Post bringen würden?
JOURNALISTIN	Aber ja, das tue ich natürlich gern.
5. PATIENT	In den nächsten Briefkasten.
JOURNALISTIN	In den nächsten Briefkasten.
5. PATIENT	Tausend Dank, meine Dame! Sie sind meine Retterin! Darf ich Ihnen die Hand küssen? *(küßt ihr die Hand und sieht ihr in die Augen)* Oh, und Sie sind so schön! Wenn ich, durch Ihre Mithilfe, befreit bin, darf ich mich erkenntlich zeigen? Ich darf Sie einladen, ja? In meine Villa? Ich werde Sie, wir werden uns ... *(er erblickt die jetzt auftretende Ärztin, erschrickt, legt schnell den Finger auf seinen Mund und wendet sich von der Journalistin ab)*
ÄRZTIN	*(zur Journalistin)* Professor Hatnichall ist leider mit einem Tobsuchtsanfall beschäftigt und bat mich, Sie hinauszugeleiten.
JOURNALISTIN	Vielen Dank. Ich habe jetzt auch genug Material für meinen Artikel.
ÄRZTIN	*(zum Abgang nach hinten links zeigend)* Darf ich bitten?
JOURNALISTIN	*(zögert einen Moment)* Sagen Sie, Frau Doktor, der Herr hier ...
5. PATIENT	*(sieht die Journalistin, ohne daß die Ärztin es merkt, beschwörend an und hält noch einmal den Finger vor den Mund)*

JOURNALISTIN	*(nickt und murmelt)* Ach nichts. *(in dem Augenblick, in dem die Journalistin abgehen will, schießt der 5. Patient in Windeseile quer über die Bühne auf sie zu und gibt ihr einen Tritt ins Gesäß – mit weichen Filzschuhsohlen natürlich und so geschickt abgestoppt, daß es in keinem Fall weh tut; hinter der Bühne steht der Inspizient bereit, um die Journalistin aufzufangen, denn es soll die Illusion eines echten Sturzes erweckt werden)*
5. PATIENT	*(im Idiotentonfall)* Aba nich verjessen, du! *(er springt in irrem Zickzack über die Bühne nach rechts ab. Gleichzeitig erscheint der 3. Patient in Badehosen mit dem Schubkarren, in dem jetzt der 1. Patient sitzt, und fährt rasch über die Bühne; ihm folgt der 2. Patient mit der vorher schneeweißen WC-Bürste, die jetzt aber braun ist; damit man es bemerkt, führt es sie bis vorn an die Rampe, wo er stehen bleibt, sich zu ihr umwendet und kopfschüttelnd in süffisantem Ton sagt*
2. PATIENT	Aber Fiffi! Th ... th ... th ... th ...

(Blackout)

Schwarze Milch

Personen:	Ältere Frau (Mutter) Junger Mann (Adi)
Requisiten:	*Zwei Telefone*
Szene:	*Rechts und links auf der Bühne je ein Telefon. Vor dem einen die Mutter, vor dem anderen Adi.*

ADI — Mami, bist du da?

MUTTER — Ja, ich bin hier.

ADI — Du, Mami, ich bin erst heute von See zurückgekommen. Inzwischen ist das Baby da.

MUTTER — Gratuliere, Adi! Aber warum hat dir das Elsi nicht gleich mitgeteilt?

ADI — Wir hatten doch keinen Funk an Bord.

MUTTER — Und hat sie dir nicht geschrieben?

ADI — Wir haben auch keine Post gekriegt.

MUTTER — Was ist es denn?

ADI — Ein Junge.

MUTTER — Großartig! Und wie geht's Elsi?

ADI — Prima!

MUTTER — Also alles in Ordnung?

ADI — *(zögernd)* Ja … ja …

MUTTER — Oder ist doch was?

ADI	Was?
MUTTER	Mit Elsi?
ADI	Nein, die ist mopsfidel.
MUTTER	Und das Kind?
ADI	Was?
MUTTER	Ob das Baby gesund ist?
ADI	*(wieder zögernd)* Ja, gesund ist es ...
MUTTER	Aber?
ADI	Schwarz.
MUTTER	Was?
ADI	Ja, weißt du, Mami, das hat mir Elsi erklärt. Sie hatte doch keine Milch, und da mußte eine Amme das Baby ernähren, und das war eben eine Schwarze, und das hat dann halt abgefärbt, Mami.
MUTTER	So? Hat es abgefärbt?
ADI	Ja, Mami, aber das soll sich mit der Zeit geben, hat Elsi gesagt.
MUTTER	So, jetzt will ich dir mal was sagen. Mit dir ging es mir damals ganz genauso. Ich hatte auch keine Milch. Und da hab' ich dich an das Euter einer Kuh gelegt. Und darum bist du das größte Rindvieh geworden, das auf Erden herumläuft.

(Blackout)

Vor Gericht

Personen: Richter, Angeklagter

Szene: *Gerichtssaal mit Richtertisch und Angeklagtenbank. Der Angeklagte steht vor dem Richter (Robe!).*

RICHTER — Sie haben den Kläger einen Ochsen genannt?

ANGEKLAGTER — Nein.

RICHTER — Es gibt aber einen Zeugen, der es gehört hat.

ANGEKLAGTER — Das ist schon möglich.

RICHTER — Warum leugnen Sie also, den Kläger einen Ochsen geheißen zu haben?

ANGEKLAGTER — Weil ich es nicht habe.

RICHTER — Was soll das heißen?

ANGEKLAGTER — Weil ich nur gesagt habe: Sie Ochs...

RICHTER — Na also!

ANGEKLAGTER — Sie Ochs...

RICHTER — Ob Sie nun du Ochse oder Sie Ochse gesagt haben, ist doch der gleiche Tatbestand.

ANGEKLAGTER — Ich habe gesagt: Sie Ochs...

RICHTER — Ein Geständnis genügt. Sie brauchen sich nicht dauernd zu wiederholen.

ANGEKLAGTER — Und Sie mich nicht dauernd zu unterbrechen, Herr Amtsgerichtsrat. Genau wie der Kläger mich nicht hat ausreden lassen. Ich habe nämlich nur sagen wollen: Sioux-Indianer sind ausgestorben!

Beim Onkel Doktor

Personen: Arzt
Patient

Szene: *Arztpraxis mit Schreibtisch und Stuhl, Arzt mit weißem Mantel.*

PATIENT — Also, das versteh' ich nicht, wieso meine Frau ein rothaariges Kind bekommen hat. Weder sie noch ich sind rothaarig. Weder ihre noch meine Eltern, noch unser beider Großeltern, niemand in der Familie ist jemals rothaarig gewesen. Wieso also das Baby, Herr Doktor?

ARZT — Nun, die Gene machen manchmal seltsame Sprünge.

PATIENT — Seitensprünge, wie?

ARZT — Nein, Sie verstehen mich falsch. Aber sagen Sie einmal, mein Lieber – mir, als Arzt, dürfen Sie das ruhig anvertrauen: Wie oft üben Sie denn den ehelichen Beischlaf aus? Täglich?

PATIENT — Nein.

ARZT — Wöchentlich?

PATIENT — Nein.

ARZT — Monatlich?

PATIENT — Nein.

ARZT — Am Ende gar nur einmal im Jahr?

PATIENT — Ja.

ARZT — Na ja, dann ist die Sache doch einfach zu erklären. *(sieht ihn eindringlich an)* Der Rost, mein Lieber, der Rost!

(Blackout)

Tischgespräche

Personen:	Ehepaar (Kurt, Herta) Onkel Otto
Requisiten:	*gedeckter Tisch*
Szene:	*Kurt und Herta sitzen mit Onkel Otto beim Essen. Sie sehen zu, wie Onkel Otto mampft. Er ist so intensiv mit Essen beschäftigt, daß man merkt, er will sich durch nichts stören lassen.*

KURT Onkel Otto, was macht eigentlich Vater Menzel?

OTTO Tot.

KURT Ach, das tut mir aber leid.

HERTA Und Mutter Menzel?

OTTO Tot.

KURT Was? Die auch? Und ihr Sohn Erich?

OTTO Tot.

KURT Da bleibt ja nur die Kleinste übrig. Wie heißt sie ja gleich?

HERTA Erika.

OTTO Tot.

KURT Und Erika! *(entsetzt)* – Die ganze Familie! Da war doch noch ein Neffe. Der Student Glaubesack. Was ist denn mit dem?

OTTO Tot.

HERTA Das ist doch nicht möglich!

OTTO	*(atmet auf, wischt sich mit der Serviette den Mund ab und erwacht gewissermaßen wieder zum Leben)*
HERTA	Wie ist das denn bloß gekommen?
KURT	War wohl ein Verkehrsunfall?
OTTO	Was hast du gesagt?
KURT	Dieses furchtbare Unglück mit der Familie Menzel.
OTTO	Was?
HERTA	Na ja, erst ist doch Vater Menzel gestorben.
OTTO	Wieso? Der lebt doch noch.
KURT	Und Mutter Menzel?
OTTO	Ist vorige Woche in Urlaub gefahren. Nach Mallorca.
KURT	Und ihr Sohn Erich?
OTTO	Ist jetzt auf dem Gymnasium.
HERTA	Und die kleine Schwester?
OTTO	Hatte die Masern. Aber weiter nicht schlimm.
KURT	Und Studiosus Glaubesack?
OTTO	Hat den Doktor gemacht.
HERTA	Aber du sagtest doch, die seien alle tot.
OTTO	Ach, wenn ich esse, sind alle für mich gestorben.

(Blackout)

NÄRRISCHES

Hrsg. H. Fauser, 112 Seiten, kartoniert.
DM 12,80/S 99,–/SFr 13,80
ISBN: 3-8159-**0007**-7

Hrsg. H. Fauser, 96 Seiten, kartoniert.
DM 12,80/S 99,–/SFr 13,80
ISBN: 3-8159-**0008**-5

Von K. Lehnhoff, 96 Seiten, kartoniert.
DM 12,80/S 99,–/SFr 13,80
ISBN: 3-8159-**0006**-9

Von T. Müller, 112 Seiten, kartoniert.
DM 14,80/S 199,–/SFr 15,80
ISBN: 3-8159-**0005**-0

Wilhelm Möller Verlag
Postfach 11 20 · 65521 Niedernhausen/Ts.
Telefon: 0 61 27 / 70 20 · Telefax 0 61 27 / 70 21 33